Susanne Klein
50 Praxistools für Trainer, Berater, Coachs

W0228737

Susanne Klein

50 PRAXISTOOLS FÜR TRAINER, BERATER, COACHS

Überblick, Anwendungen, Kombinationen

Bibliografische Information der Deutschen Nationalbibliothek

Die Deutsche Nationalbibliothek verzeichnet diese Publikation
in der Deutschen Nationalbibliografie; detaillierte bibliografische Daten
sind im Internet über http://dnb.d-nb.de abrufbar.

ISBN 978-3-86936-346-2

4. überarbeitete Neuauflage 2012

Lektorat: Dr. Michael Madel, Ruppichteroth
Umschlaggestaltung: Martin Zech Design, Bremen I www.martinzech.de
Satz und Layout: Das Herstellungsbüro, Hamburg
     www.buch-herstellungsbuero.de
Druck und Bindung: Salzland Druck, Staßfurt

www.gabal-verlag.de
www.twitter.com/Gabalbuecher
www.facebook.com/gabalbuecher

INHALT

ZUR NUTZUNG DIESES BUCHES

Liebe Leserin, lieber Leser,

vor Ihnen liegt das Buch »50 Praxistools für Trainer, Berater, Coachs« – eine Zusammenstellung verschiedener Tools aus unterschiedlichen psychologisch-therapeutischen Richtungen. Diese Tools sollen Ihnen in den verschiedenen Beratungs-, Trainings- oder Coachingsituationen hilfreich zur Seite stehen. Es handelt sich bei der Zusammenstellung um erprobte Tools, die Effektivität und Nutzen in den verschiedenen Kontexten unter Beweis gestellt haben.

Im ersten Teil des Buches finden Sie eine Einführung. Hier wird ein Überblick gegeben. Sie werden mit der Historie bekannt gemacht, erkennen Zusammenhänge und können die Tools und Methoden einander zuordnen. Wenn Sie vertiefende Informationen zur Entstehung einer Methode, zu den Entwicklern und zu weiteren Tools aus diesem Bereich suchen, dann werfen Sie bitte einen Blick in das Buch »Trainingstools«, das ebenfalls bei GABAL erschienen ist. »50 Praxistools für Trainer, Berater, Coachs« ist das Praxisbuch zu dem Standardwerk »Trainingstools« und legt den Schwerpunkt auf die Anwendung der Tools. Die Bücher ergänzen sich, können aber selbstverständlich jeweils für sich gelesen und genutzt werden.

Tools und Methoden zuordnen

Neben den Hintergründen wird etwas zu den wichtigsten Glaubenssätzen der Methoden gesagt – also zu den Haltungen, die diese transportieren. Schon bei der Durchsicht der Glaubenssätze werden Ihnen manche Haltungen sympathischer sein als andere. Nutzen Sie diese erste Wahl als Orientierung, um den für Sie effektiven Methoden- und Toolkoffer zusammenzustellen. Genauso wie nicht jeder Berater, Trainer oder Coach in jedes Umfeld passt, ist auch nicht jede Methode und jedes Tool für Sie als Person und für Ihre Zielgruppe passend.

Tools situations-abhängig einsetzen

Im zweiten Teil des Buches werden Ihnen die 50 Tools vorgestellt. Sie sind alphabetisch geordnet. Ich habe darauf verzichtet, sie den verschiedenen Phasen in der Beratung, im Training und im Coaching zuzuordnen, weil ich die Auffassung vertrete, dass die meisten Tools in verschiedenen Phasen ihren Platz finden können. Wann und wie Sie die Tools einsetzen, basiert auf Ihrer Entscheidung. Es gibt hier kein »Richtig« oder »Falsch«.

Bei jeder Beschreibung eines Tools finden Sie ein kurzes Anwendungsbeispiel und ein paar Ideen dazu, wie dieses Tool auch noch eingesetzt werden kann. Sicherlich werden Sie bei Ihrer Arbeit weitere Anwendungsmöglichkeiten finden.

Fallbeispiele: Tools kombinieren

Der dritte Teil schließlich zeigt, wie Sie die Tools in Beratung, Training und Coaching kombinieren können. Jede Kombination wird anhand eines ausführlichen Fallbeispiels erläutert, jede Intervention des Beraters, Trainers oder Coachs wird methodisch eingeordnet. Sie sehen beispielhaft, wie die verschiedenen Tools aufeinander aufbauen und ergänzend eingesetzt werden können.

Und bevor Sie loslegen, noch eine Anmerkung zur Schreibung der Methoden und Tools: Um zu verdeutlichen, dass es sich etwa bei einer Methode um eine etablierte Vorgehensweise mit theoretischer Fundierung und praktischer Relevanz handelt, wird sie in diesem Buch grundsätzlich durch die Großschreibung abgehoben. Es heißt also nicht »systemische Therapie« und »provokativer Gesprächsstil«, sondern »Systemische Therapie« und »Provokativer Gesprächsstil«. Ein besonderes Beispiel: Ich spreche ganz bewusst von Idiotischen Ratschlägen, um zu verdeutlichen, dass es sich dabei um ein Praxistool handelt.

Nun wünsche ich Ihnen viel Spaß beim Lesen und hoffe, dass Sie das Buch bei der Vorbereitung Ihrer Beratungen, Trainings oder Coachings nutzen können.

Ihre Susanne Klein

TEIL 1:

METHODISCHER HINTERGRUND ZU DEN PRAXISTOOLS – EIN ÜBERBLICK

METHODE GUT – ALLES GUT?

Ein gut gefüllter Werkzeugkasten ist für die sehr unterschiedlichen Situationen, mit denen Sie in Beratung, Training und Coaching konfrontiert werden, eine sichere Grundlage. Je nach Situation und Person können Sie so ein Werkzeug wählen und einsetzen. Bei komplexeren Themen bietet es sich an, die Werkzeuge miteinander zu kombinieren und so wieder neue Tools zu entwickeln. Der tägliche Arbeitsprozess ist also äußerst kreativ und fordert von Ihnen als Trainer, Berater und Coach mehr als nur Routine.

Aber Werkzeuge allein machen noch kein gutes Training oder Coaching aus – und auch keine gute Beratung. Wesentlicher sind hier die Haltungen und Prinzipien, die mittels dieser Werkzeuge transportiert werden:

Tools vermitteln Haltungen und Prinzipien

- Wie nähern Sie sich den Trainingsteilnehmern oder den Coachees?
- Wie definieren Sie Ihre Rolle im System?
- Welche Werte sind für Sie wichtig?
- Wie gehen Sie mit Nähe und Distanz um?
- Wie tief steigen Sie in den Prozess ein?

Alle diese Fragen betreffen neben den Kompetenzen auch die Persönlichkeit des Beraters, Trainers oder Coachs. Die Antworten auf diese Fragen entscheiden viel eher darüber, ob Sie als Anbieter ausgewählt oder als Interner respektiert werden, als die methodische Vielfalt, über die Sie verfügen. Gleichzeitig aber drückt sich genau diese Persönlichkeit in der Wahl und dem Umgang mit den Methoden aus. Ein Henne-Ei-Problem? Nicht

Die Persönlichkeit des Beraters, Coachs oder Trainers

ganz. Denn es geht um ein bewusstes Positionieren im Markt oder im Unternehmen. Anhand des Auftritts und der Methodenwahl »passen« Sie zu einem bestimmten Unternehmen, zu einer bestimmten Kultur oder zu einer ausgewählten Hierarchieebene. Aufgrund Ihres Auftritts werden Sie von einem bestimmten Personenkreis als Berater, Trainer oder Coach ausgewählt. Es gibt in diesem differenzierten und personenzentrierten Geschäft keine »Alleskönner«, die jedes Thema glaubwürdig vertreten und jede Zielgruppe ansprechen können.

Tools als Positionierungshilfe Die Übersicht über die Tools und ein Verständnis des methodischen Hintergrundes sollen Ihnen die Auswahl und damit Ihre Positionierung erleichtern. Sie wählen hier nicht nur Methoden aus, die zu Ihnen und zu Ihren Kunden passen. Sondern mit dieser Auswahl festigen Sie Ihre Kompetenzen und platzieren sich damit auch in Ihrer Marktnische.

HISTORISCHE ENTWICKLUNG DER METHODEN

In der Psychologie gab es im letzten Jahrhundert drei große Kräfte, die das Denken – und damit die Haltung gegenüber den Menschen – maßgeblich beeinflusst haben:

- die Psychoanalyse nach Sigmund Freud, bekannt geworden durch das freie Assoziieren auf der Couch,
- der Behaviorismus, vor allem verbunden mit den Ratten- und Taubenexperimenten von B.F. Skinner, und
- die Humanistische Psychologie, die mit verschiedenen Autoren verknüpft wird, im beratenden Umfeld aber in erster Linie mit Carl Rogers.

Rogers beschrieb weniger Tools, sondern zunächst einmal eine Haltung gegenüber seinen Klienten. Er vertrat die Auffassung, dass sich Menschen in einer wertschätzenden Umgebung (1. Säule seiner Therapie: *Wertschätzung und Akzeptanz*) mit der Unterstützung eines Menschen, der ihnen gegenüber einfühlsam und verständnisvoll (2. Säule: *Empathie*) und gleichzeitig echt und kongruent auftritt (3. Säule: *Echtheit und Kongruenz)*, gut entwickeln und damit ihre Probleme selbst lösen können. Die Humanistische Psychologie »glaubt« an das Gute im Menschen und geht davon aus, dass alle Menschen in der Lage sind, selbst einen guten Weg zu finden und zu gehen.

Carl Rogers: Wertschätzung und Akzeptanz; Empathie; Echtheit und Kongruenz

Im humanistischen Denken hat der Mensch einen freien Willen und kann sich Werte schaffen, an denen er sein Denken und Handeln ausrichtet.

Diese Freiheit der Wahl wird durch die Last der Verantwortlichkeit ergänzt. Menschen haben in dieser Perspektive ein Bedürfnis, frei und gleichsam verantwortlich zu handeln, und sind in ihrem Leben auf der Suche nach Liebe, Freude, Kreativität, Freundschaft, Spiel, Spaß, Begeisterung … Die meisten moderneren Methoden basieren auf diesem Gedankengut.

Diese humanistische Denkrichtung, die Rogers vorlebte, fand in den fünfziger Jahren mit dem Begriff »Humanistische Psychologie« ihren festen Platz im Methodenkanon und sollte eine Gegenbewegung zu den bis dahin vorherrschenden Meinungen darstellen. Sie wollte sich gegen die Psychoanalyse abheben, die den Menschen als triebgesteuertes und einmalig in der Kindheit geprägtes Wesen betrachtet, das im Erwachsenenalter einmal erworbene Erfahrungen wiederholt. Den Humanisten war es wichtig, die Freiheit des Willens und des Handelns in die Grundhaltung einzuführen. Außerdem wandten sie sich gegen den Lerngedanken des Behaviorismus, der davon ausging, dass alles Verhalten gelernt sei und mittels Verstärkung neuer und

Freiheit des Willens und des Handelns

Löschung alter Verhaltensweisen auch wieder verlernt werden könne. Ausgangspunkt dieses Denkens waren Beobachtungen, die bei Ratten und Tauben im Labor gemacht wurden.

Aus Sicht der Humanistischen Psychologie erfassen die Psychoanalyse und der Behaviorismus nur einen Teil des Menschen. Als Gesamtheit könne ein Mensch nur dann erfasst werden, wenn er als sinnvolles, ganzes und komplexes Wesen betrachtet werde. Dieses komplexe Wesen nehme seine Umwelt nicht nur mit den äußeren Sinnen wahr, sondern forme Sinneseindrücke mittels Geist und Herz zu Wertvorstellungen um.

In heutigen Tools überwiegt humanistischer Denkansatz

Die ursprünglich behavioristische Verhaltenstherapie ist durch das humanistische Gedankengut zur Kognitiven Verhaltenstherapie entwickelt worden. Seit etwa den siebziger Jahren ist die humanistische Haltung durch die Denkrichtung der Kybernetik und der Linguistik ergänzt worden. Durch diese Ansätze wird die große angenommene Kraft des freien Willens wieder etwas relativiert, und man geht davon aus, dass neue Prinzipien die Wahl des Verhaltens maßgeblich beeinflussen. Seit einigen Jahren wird diese Annahme durch die Hirnforschung (zum Beispiel nach Wolf Singer und Gerhard Roth) weiter forciert: Die genetische Disposition scheint durch den freien Willen nicht beeinflussbar zu sein.

Die psychologische Forschung geht auch davon aus, dass nicht nur ein wohltuendes Umfeld dafür sorgt, dass sich ein Mensch optimal entwickeln kann, sondern auch genetische und gehirnphysiologische Komponenten maßgeblich sind.

> **So teilen inzwischen viele Experten die Meinung, dass Menschen trotz aller Individualität miteinander vergleichbarer sind als angenommen.**

Individuelle Probleme verstehen sich heute auch als allgemeine Probleme, da Menschen in ihrer psychischen Grundausstattung stärker übereinstimmen als zunächst geglaubt. So verdanken sich viele Verhaltensweisen eher dem Menschen an sich als individuellen Bestrebungen.

METHODEN IM ÜBERBLICK

Die Graphik auf der folgenden Seite bietet einen Überblick über die Methoden, die in diesem Buch in ihrer Anwendung in Beratung, Training und Coaching vorgestellt werden. Die einzelnen Methoden sind den großen Denkrichtungen der Zeit zugeordnet. Kybernetik und Linguistik etwa haben neue methodische Ansätze hervorgebracht. Dennoch können Sie davon ausgehen, dass alle psychologischen Richtungen von der Humanistischen Psychologie maßgeblich beeinflusst wurden. Das bedeutet, *jede* Methode müsste eigentlich in der Gruppe stehen, der sie zugeordnet ist – und außerdem noch der Humanistischen Psychologie. Gewiss kann die Humanistische Psychologie als die dominante Denkform in der zweiten Hälfte des letzten Jahrhunderts bezeichnet werden.

DIE FIFTIES

Vor allem in den fünfziger Jahren sind zahlreiche therapeutische Konzepte entstanden, die sich dann in den sechziger und siebziger Jahren in der Praxis durchgesetzt haben. Zunächst konkurrierten die Richtungen miteinander und jede glaubte sich im Recht. Es wurden Debatten geführt, wie sich die Richtungen voneinander abgrenzen ließen, und die Suche nach der Wahrheit verlief nicht immer nur in konstruktiven Bahnen. Jede Schule wollte sich durchsetzen und als die »richtige« und »Erfolg versprechende« Methode gelten.

Therapeutische Konzepte entstehen

Die Methoden im Überblick

Psychoanalyse	Behaviorismus	Humanistische Psychologie	Kybernetik / Linguistik
Psychodrama 1935	Rational-Emotive Therapie 1955	Klientenzentrierte Gesprächsführung 1928	Systemische Therapie Mailänder Schule 1951
Gestalttherapie 1942	Kognitive Verhaltenstherapie 1962	Hypnotherapie 1950	Systemische Familien-therapie nach Satir 1959
Transaktionsanalyse 1956		Provokativer Stil 1963	Lösungsorientierte Therapie, de Shazer 1968
		Focusing 1978	Konstruktivismus 1967
			Neurolinguistisches Programmieren 1975

Die Jahreszahlen in der Graphik weisen auf die erste Veröffentlichung oder Institutsgründung zur Methode hin.

Methodenvielfalt In den letzten Jahren kamen immer mehr Vertreter der verschiedenen Schulen auf die Idee, über ihren methodischen Tellerrand zu blicken. So wurde endlich zur Kenntnis genommen, dass es auch »auf der anderen Seite« viel Kompetenz gibt. Anstatt sich deutlicher voneinander abzugrenzen, werden inzwischen die Türen geöffnet. Jeder schaut, was der andere zu bieten hat. Und so werden die Methoden vorurteilsfrei miteinander kombiniert – ein echter Gewinn für Seminar- und Coachingteilnehmer. So finden Sie heute kaum noch Berater, Trainer oder Coachs, die mit nur einer Methode beraten, trainieren oder coachen.

In der Graphik oben ist zu erkennen, dass jeder Schule eine Jahreszahl zugeordnet ist. Diese bezieht sich auf die Institutsgründung durch den Begründer der Methode oder auf die erste einschlägige Veröffentlichung mit der noch heute gültigen Bezeichnung der Richtung – je nachdem, was zuerst eintrat.

Die älteste Methode ist die Gesprächspsychotherapie nach Carl Rogers. Sein Verdienst ist die konsequente Umsetzung einer humanistischen Denkhaltung. Seine therapeutische Form ist mehr eine Lebenseinstellung und eine Haltung gegenüber Menschen als eine therapeutische Methode mit Tools. Aus seinem therapeutischen Ansatz haben sich viele weitere Methoden entwickelt. Die dreißiger und vierziger Jahre waren geprägt von der Entwicklung des Psychodramas nach Levy Moreno, von der Gestalttherapie nach dem Ehepaar Lore und Fritz Perls sowie Paul Goodman und von der Verhaltenstherapie, die ganz auf dem behavioristischen Denken basierte. Perls und Moreno waren Zeitgenossen und experimentierten mit dem Thema »Psychotherapie«. Sie integrierten verschiedene Kunstformen in ihre Arbeit (Theater, Malerei) und versuchten so, die Arbeit mit den Klienten mehr in Richtung Selbsterfahrung zu entwickeln.

Gesprächspsychotherapie nach Rogers

Das Ich und die individuelle Geschichte steht im Zentrum dieser Richtungen. Ziel ist es, in der Therapie Konflikte aus der Kindheit zu überwinden und ein neues und selbstbestimmtes Leben zu beginnen. Hierzu finden Sie Tools dargestellt, die im organisatorischen Kontext Anwendung finden können. Aus der Kognitiven Verhaltenstherapie wird das Element angesprochen, das nach wie vor Entscheidungen von Menschen beeinflusst: die Attribution *(siehe Tool 3)*. Außerdem wird die Methode des Rollenspiels *(siehe Tool 31)* dargestellt, die ein Klassiker im Training geworden ist.

Das Ich im Mittelpunkt

In den fünfziger Jahren gab es viele Parallelentwicklungen. Hier entwickelten sich die Hypnotherapie (Milton Erickson), die Rational-Emotive Therapie (Albert Ellis, eine Entwicklung der Kognitiven Verhaltenstherapie), die Systemische Therapie (Mara Selvini-Palazzoli, Mailänder Schule), die Familientherapie (Virginia Satir) und die Transaktionsanalyse (Eric Berne und Thomas A. Harris). Sie schließen zum Teil an Ideen der Psychoanalyse, aber überwiegend an die Humanistische Psychologie an.

Parallele Entwicklungen

DIE SIXTIES

Neuheiten der sechziger Jahre waren der Provokative Stil (Frank Farrelly) und die Hinzuziehung kognitiver Aspekte zur Verhaltenstherapie. Ganz neue Aspekte brachten der Konstruktivismus, die Verankerung der Systemischen Therapie und die Idee einer Kurzzeittherapie. Eine Therapie musste per Definition nun nicht mehrere Jahre dauern, sondern man wagte das Experiment, Klienten nach sechs bis zehn Sitzungen auf die eigenen Füße zu stellen.

Emanzipation der Methoden aus klinischem Bereich

Therapeutische Interventionen kamen nun nicht mehr nur psychisch Kranken zugute, sondern es wurden auch Familien und Individuen in Konflikten beraten. Die Methoden emanzipierten sich hier erstmals aus dem klinischen Bereich. Heute sind sie selbstverständlicher Bestandteil in Beratung, Training und Coaching. Die Assoziation mit »Krankheit« oder »auf die Couch legen müssen« ist vorbei. Die Methoden werden als hilfreiche Begleiter wahrgenommen und genutzt. Diese psychologischen Methoden werden zunehmend mit sozialwissenschaftlichen und betriebswirtschaftlichen Methoden kombiniert.

DIE SEVENTIES

In den siebziger Jahren kamen das Focusing (Eugene Gendlin) und das Neurolinguistische Programmieren (NLP, Richard Bandler und John Grinder) hinzu. Das Focusing wurde noch für die Therapie entwickelt, hat heute aber einen festen Platz im Selbst- und Stressmanagement. Auch das NLP begann klinisch und wird heute überwiegend im nichtklinischen Bereich eingesetzt.

DIE HALTUNGEN

Die Methoden unterscheiden sich durch ihre Tools, aber auch durch ihre Haltungen und Kerngedanken, die die Entwicklung der Tools maßgeblich bestimmt haben. In der folgenden Übersicht finden Sie die jeweils zentralen Haltungen und Kerngedanken, die der Methode zugrunde liegen. Es wurden in erster Linie die Haltungen ausgewählt, zu denen in diesem Buch auch Tools beschrieben werden. Diese Übersicht macht Gemeinsamkeiten und Unterschiede noch einmal sehr transparent:

Kerngedanken der Methoden

ZENTRALE HALTUNGEN UND KERNGEDANKEN DER METHODEN

Familientherapie nach Virginia Satir:
- Es gibt in Systemen immer unausgesprochene Regeln, die oft wirksamer sind als die ausgesprochenen Regeln.

Focusing:
- Es ist nützlich, sich Ruhe zu gönnen, um innerlich Ordnung zu schaffen.
- Nicht abgeschlossene Ereignisse kehren zurück und stiften Unruhe.
- »Aufgeräumte« Personen geraten weniger schnell aus dem Gleichgewicht.

Gestalttherapie:
- Der Drang zur geschlossenen Gestalt ist ein Naturgesetz. Die Integration von offenen Gestalten führt zur Reife.
- Alles, was war und ist, ist auch im »Hier und Jetzt« wahrnehmbar und bearbeitbar. Was hier geschieht, geschieht auch draußen.

Hypnotherapie:
- Das Unbewusste verfügt über wichtige Informationen.
- Das Unbewusste kann Lösungen finden, die dem Bewussten unzugänglich bleiben.
- Das Bewusste muss manchmal umgangen werden, um erfolgreich arbeiten zu können.

Lösungsorientierte Kurzzeittherapie nach Steve de Shazer:

- Das Problem führt nicht immer zur Lösung.
- Reden über Probleme schafft Probleme.
- Lösungen entstehen über Ausnahmen.

Klientenzentrierte Gesprächspsychotherapie:

- Die Haltung ist wichtiger als die Methode.
- Nur in einer wertschätzenden Umgebung kann sich ein Mensch in eine positive Richtung entwickeln.
- Einsicht ist der Motor der Veränderung.

Kognitive Verhaltenstherapie:

- Probleme resultieren aus irrationalen Annahmen über die Welt.
- Veränderung geschieht durch Einsicht und durch Verhaltenstraining im Rollenspiel.
- Alles, was einmal gelernt wurde, kann auch wieder verlernt werden.

Konstruktivismus:

- Jeder Mensch konstruiert sich eine Wirklichkeit und leitet aus diesem Weltbild seine Handlungen ab.
- Die individuelle Wirklichkeitskonstruktion hat oft mehr mit der Person selbst als mit objektiv gegebenen Wahrheiten zu tun.
- Kommunikation funktioniert immer dann, wenn zwei Menschen sich auf eine Wirklichkeit verständigen.

Neurolinguistisches Programmieren:

- Jeder Mensch ist einzigartig und verfügt über alle Ressourcen, die er zur Problemlösung braucht.
- Das Ziel ist eine höchstmögliche Flexibilität im Verhalten.
- Hinter jedem Verhalten steckt eine positive Absicht.

Provokativer Kommunikationsstil:

- Bei aller Wertschätzung der Person ist es wichtig, die Dinge auf den Punkt zu bringen, um Klarheit zu schaffen.
- Humor wirkt heilsam, wenn der Gesprächspartner auch lachen kann.
- Das Individuelle ist immer auch das Allgemeine.

Psychodrama:

- Kritische Lebenssituationen müssen noch einmal durchgespielt werden (Katharsis), um verändert werden zu können.

Rational-Emotive Therapie:

- Wer Probleme hat, nimmt sich selbst zu wichtig.
- Die Welt ist anders, als wir Menschen sie uns wünschen.
- Zu hohe Erwartungen und absurde Gedanken machen krank.

Systemische Therapie:

- Wenn etwas nicht funktioniert, gibt es selten eine einzige Ursache. In der Regel finden sich mehrere zusammenwirkende Ursachen.
- Wenn man sein Verhalten verändert, verändert man immer auch das Verhalten des Gegenübers.
- Wenn man etwas verändert, verändert sich immer mehr als das, was man zu verändern versuchte.

Transaktionsanalyse:

- In der Kommunikation kann man verschiedene Rollen einnehmen.
- Verläuft eine Kommunikation nicht auf der Ebene von Erwachsenen, dann werden Spiele gespielt.
- Menschen handeln nach Skripten, die auf Erfahrungen basieren.

Bei der Durchsicht der verschiedenen Denkansätze werden Sie als Trainer, Berater und Coach leicht feststellen, welche Art zu denken zu Ihrer Persönlichkeit passt. So haben Sie ein Kriterium, um die Methode(n) auszuwählen, die mit Ihrer Denkart harmonieren. Sie wirken dann auf Ihre Seminarteilnehmer, Klienten und Coachees authentisch – diese merken sofort, wenn Sie ein widersprüchliches Verhalten an den Tag legen. Beispielsweise ist es nicht möglich, analytisch vorzugehen und einen Problemkontext ausführlich zu hinterfragen – und gleichzeitig mit de Shazer anzunehmen, dass das Reden über Probleme Probleme schafft.

Hier ist eine klare Entscheidung notwendig: Bevorzugen Sie beispielsweise als Coach die Vorgehensweise, zu Veränderungen qua Einsicht zu gelangen? Dann gehen Sie tief in den Problemkontext hinein und versuchen dem Coachee Muster zu verdeutlichen, die er verstehen kann. Sind Sie dem Lösungsorientierten Ansatz verbunden, dann vermeiden Sie genau dieses Lernen oder Verändern durch Einsicht, sondern setzen ganz auf die Suche nach Ausnahmen.

Oder nehmen wir das Beispiel der Beliefs: In der Rational-Emotiven Therapie und auch beim Neurolinguistischen Programmieren wird konzentriert mit Beliefs gearbeitet, also den Glaubenssätzen, die menschliches Verhalten steuern. Die Auffassung ist hier, dass hinter einem störenden oder hemmenden Verhalten immer ein Glaubenssatz steht, der quasi automatisch das unerwünschte Verhalten einleitet. Machen Sie diesen Glaubenssatz nun ausfindig und damit bewusst, dann hat der Klient die Chance, diesen Glaubenssatz zu verändern und eine Annahme zu finden, mit der er besser umgehen kann. Würden Sie gleichzeitig hypnotisch arbeiten und annehmen, dass die Bewusstheit besser umgangen wird, dann kann dies nicht gelingen. Ein Klient kann zwar gleichzeitig bewusst und unbewusst arbeiten – wenn aber ein Glaubenssatz bewusst gemacht wird, dann ist es schwerer, das Bewusstsein zu umgehen.

Methode muss zu Persönlichkeit passen

Beispiele für angemessene Methodenauswahl

Um aus dem Buch die Methoden herauszufiltern, die Ihren Überzeugungen am nächsten kommen und die Sie kongruent einsetzen können, lesen Sie am besten in Ruhe die Ausführungen zu den Haltungen, die hinter den Methoden stehen, durch und treffen so eine Vorauswahl. Dann steht für Sie auch ganz schnell fest, welche Methoden für Sie miteinander kombinierbar sind.

Nach Vorauswahl Entscheidung treffen

Möglicherweise kommen Sie zu der Auffassung, dass Sie für eine Situation im Training oder Coaching die eine Methode mit der entsprechenden Haltung besser finden, für einen anderen Kontext dann aber eine andere.

Das ist möglich, und es steht Ihnen frei, für jeden Kontext die entsprechenden Methoden auszuwählen. Wichtig ist, dass Sie ganz bewusst entscheiden, welche Methode Sie auswählen und umsetzen – und damit auch wissen, welche Kombinationen möglich sind. Das wird uns noch im dritten Teil des Buches beschäftigen.

Kontext und Situation beachten

TEIL 2:
50 PRAXISTOOLS IN AKTION

Jede Methode hält eine Vielzahl von gut ausgearbeiteten und erprobten Tools bereit. Die meisten Tools finden im psychotherapeutischen Kontext ihre Anwendung und sind nicht immer auf die Situation in Unternehmen und Organisationen anwendbar. Im Folgenden finden Sie ausgewählte Tools, die manchmal in einer etwas abgewandelten Form beschrieben werden, um sie im Unternehmen und in Organisationen zur Anwendung kommen zu lassen.

Dabei wird gezeigt, auf welcher Methode die Tools fußen, welches Ziel sie verfolgen, wie sie aufgebaut sind und welche Anwendungsmöglichkeiten es gibt.

Allein mit diesen kurzen Informationen ist es Ihnen möglich, das Tool im beschriebenen Kontext anzuwenden und Erfolge zu erzielen. Manche der vorgestellten Tools sind klassische Gruppen-Tools, andere eignen sich besser für die Arbeit mit Einzelpersonen. Eine Möglichkeit zum Einsatz des Tools wird in der Rubrik »Anwendung« beschrieben. Andere Ideen zum Einsatz finden Sie in der Rubrik »Weitere Anwendungsmöglichkeiten in Beratung, Training und Coaching«. Wenn bestimmte Tools mit anderen gemeinsam in einem Zusammenhang entwickelt wurden, weise ich im Text darauf hin. Eine Auswahl anderer, nicht von den Entwicklern vorgesehene Kombinationsmöglichkeiten finden Sie im dritten Teil.

Aufbau der Toolbeschreibungen

TOOL 1 AKTIVES PROVOKATIVES ZUHÖREN

Ziel

Dieses Tool aus dem Provokativen Kommunikationsstil (nach Frank Farrelly) verfolgt das Ziel, dem Coachee und den Seminarteilnehmern zu verdeutlichen, dass Sie als Berater, Trainer oder Coach ihre Themen und Problemstellungen verstehen, sich dafür interessieren und die Dinge ganz genau – am besten aus eigener Erfahrung – nachvollziehen können. Mit diesem Tool stärken Sie das Vertrauensverhältnis und vermitteln Wertschätzung und Respekt.

Beschreibung

Genau zuhören

In Abgrenzung zum Aktiven Zuhören nach Carl Rogers (Klientenzentrierte Gesprächsführung) sind Sie als Berater, Trainer oder Coach zwar im Wesentlichen ebenfalls in der zuhörenden Haltung, und Sie konzentrieren sich auf das, was Ihr Gesprächspartner sagt. Aber Sie sind gleichzeitig sehr aktiv und beteiligen sich an der Darstellung des Problems. Ihre Haltung ist nicht nur dem Gesprächspartner zugewandt, Ihre Konzentration ist nicht nur voll bei Ihrem Gegenüber und Sie formulieren nicht nur kurze unterstützende Aussagen wie »Aha«, »So so«, »Das ist interessant«, »Mhm«.

In das Thema »hineinspringen«

Das Entscheidende ist: Bei diesem Tool »springen« Sie in das geschilderte Thema gleichsam mit hinein und führen die Beschreibungen und Darstellungen des Gegenübers weiter aus – ohne dessen Situation genau zu kennen. Sie nutzen Ihre Lebenserfahrung und Ihre Fantasie, um die Darstellungen auszuschmücken. Das heißt: Sie steigen voll und ganz in das Weltbild des anderen ein und geben ihm zu verstehen: »Genauso funktioniert das! Sie haben ganz recht, darüber empört, traurig, enttäuscht, wütend ... zu sein.« Dabei dürfen Sie ruhig ein bisschen übertreiben und überspitzen, damit die Situation einen dramatischen Touch erhält.

Anwendung

Dieses Tool kann sofort zu Beginn im Erstkontakt erfolgreich eingesetzt werden. Klagt eine Führungskraft im Coaching beispielsweise über zu großen Stress, dann formuliert der Coach etwa: *»Ja, das ist grauenhaft. Die Sekretärin scheucht einen von einem Termin zum anderen. Eine sorgfältige Vorbereitung kann man sowieso vergessen. Jeder will etwas von einem. Für nichts ist richtig Zeit, und man ist immer unzufrieden mit sich selbst …«*

Der Vorteil gegenüber der passiveren Variante ist, dass dieses Tool eine enorme Glaubwürdigkeit vermittelt. Die meistens Coachees reagieren überrascht und sagen erst einmal: *»Genauso ist es.«* Dann erzählen sie weiter – und Sie springen wieder an seine Seite und ergänzen seine Schilderungen.

Glaubwürdigkeit wird vermittelt

Ein Coachee erwartet eher, dass der Coach in einer passiveren Art und Weise zuhört und dann Vorschläge macht, wie er der Stressfalle entkommen kann. Deswegen bereitet er sich innerlich darauf vor, wie er diesen Ratschlägen begegnen kann *(siehe auch Tool 14, »Idiotische Ratschläge«)*. Die besten Ideen entwickeln Menschen immer noch am liebsten selbst, und daher versucht der Coachee dem Coach zu zeigen, dass seine Hinweise nicht zielführend sind. Schließlich ist jeder selbst der beste Experte für sein eigenes Leben. Diese Form der aktiven Bestätigung lässt den Coachee erkennen: *»Da ist jemand, der versteht mich wirklich. Mit dem kann man reden. Der tut nicht so, als wüsste er alles besser und würde für jede Lebenslage ein theoretisches Konzept kennen, das in der Praxis völlig untauglich ist.«*

Weitere Anwendungsmöglichkeiten in Beratung, Training und Coaching

Das Tool, das hier am Beispiel eines Coachings erläutert wurde, hat die gleiche Relevanz in einer Beratung oder einem Training. Gerade dann, wenn Trainingsteilnehmer dem Seminarleiter gegenüber kritisch eingestellt sind, kann dieses Tool aktiv Brücken bauen und ein Vertrauensverhältnis entstehen lassen. Es vermittelt das Gefühl: »*Der kapiert, worum es geht. Das ist kein abgehobener Theoretiker.*«

Befürchtungen aktiv provokativ aufnehmen

Selbst in kritischen Situationen – wenn die Teilnehmer etwa in einem Workshop sitzen oder zu einem Training geschickt wurden, das sie ablehnen, und das auch gleich deutlich machen – können Sie aktiv provokativ zuhören. Anstatt den Teilnehmern ihre Befürchtungen auszureden, nehmen Sie diese aktiv provokativ auf: »*Ein Training nützt sowieso nichts. Zu Hause stapeln sich die Akten und hier sitzen wir rum und trinken Kaffee.*« Orientieren Sie sich dabei ganz an den Aussagen der Teilnehmer. Dann werden sich diese nach und nach verstanden fühlen und die Bereitschaft, doch noch mit Ihnen zusammenzuarbeiten, wächst. Erst wenn Sie den ersten Ansatz zu dieser Bereitschaft spüren, nehmen Sie die Seminar- oder Workshopinhalte wieder auf und führen die Teilnehmer langsam, aber zielorientiert zu einem Programmpunkt mit hohem persönlichem Nutzen. Aufgrund der so entstandenen kooperativen Haltung der Teilnehmer können Sie schließlich mit Ihrem geplanten Programm fortfahren.

**ANTREIBER – PERSONAL WORKING-
STYLES**

Ziel

Wird die Funktion von Antreibern aus der Transaktionsanalyse **Grundlage:** (nach Eric Berne und Thomas Harris) in einem Team transpa- **Transaktionsanalyse** rent gemacht, dann können die Teamplayer ihr Verhalten besser auf die Kollegen abstimmen. Mit dem Erkennen der Personal Working-Styles werden so Stärken aufgezeigt und für ein Team nutzbar gemacht.

Beschreibung

In der Transaktionsanalyse wird inzwischen nicht mehr nur von **Arbeitsverhalten und** Antreibern gesprochen, die Ihnen wahrscheinlich bekannt sind, **Teamverhalten** sondern von Personal Working-Styles, die durch die Antreiber und durch die aktuellen Umweltbedingungen geprägt sind. Der Personal Working-Style beeinflusst das Arbeitsverhalten und das Verhalten im Team. Die Kenntnis des eigenen Arbeitsstils und des Arbeitsstils der Teamkollegen kann helfen, die Zusammenarbeit effektiv zu gestalten und Konflikte zu vermeiden.

DIE FÜNF ANTREIBER

1 **Hurry-up:**
Hier geht es darum, dass eine Person zufrieden mit sich selbst ist, wenn sie eine Leistung möglichst schnell erbracht hat. Das Teammitglied liefert Ergebnisse in der Regel sehr zügig, ist immer beschäftigt und nicht überfordert, wenn es mehrere wichtige Aufgaben gleichzeitig zu bewältigen hat. Eine Person mit einem Hurry-up-Working-Style hat oft nicht die Geduld, die notwendig ist, um sich mit anderen Personen abzustimmen, und ist auch mit einem Projektabschluss bereits dann zufrieden, wenn nicht alle Detailprobleme abschließend gelöst werden konnten.

2 Be perfect:

Auch Personen mit einem Be-perfect-Working-Style sind an ihrem Arbeitsstil erkennbar. Sie sind nicht besonders schnell – im Gegenteil –, dafür aber bedacht auf das Detail. Personen mit diesem Arbeitsstil versuchen, Aufgaben möglichst fehlerlos zu bewältigen. Sie sind gut organisiert und arbeiten vorausschauend. Mit anderen Menschen, die ihre Planung durcheinanderbringen könnten, geraten diese Personen leicht in Konflikt.

3 Please people:

Personen mit einem Please-People-Working-Style überzeugen durch ein gutes Einfühlungsvermögen in andere Personen. Sie verstehen schnell, was in einer Gruppe abläuft, und können entsprechend reagieren. Sie fühlen sich häufig verantwortlich für das Klima in der Gruppe und versuchen, die Stimmung möglichst positiv zu beeinflussen. Konflikten gehen sie lieber aus dem Weg. Sie haben Sorge, dass ihre Meinung den Frieden stören könnte. Deswegen äußern sie ihre Ansichten häufig lieber nicht, auch wenn diese für die Gruppe von Nutzen sein könnten.

4 Try hard:

Dieser Arbeitsstil ist geprägt von großem Enthusiasmus und Energie. Es handelt sich um Menschen mit einer ausgeprägten Kreativität und hoher Begeisterungsfähigkeit. Personen mit diesem Arbeitsstil lassen nichts unversucht, um zu einem guten Ergebnis zu kommen. Sie scheuen weder Aufwand noch Kosten, um ihrem Anspruch gerecht zu werden. Eine Arbeit, die ihnen leicht von der Hand geht, schätzen sie nicht so sehr wie eine Arbeit, für die sie sich lange und hart eingesetzt haben.

5 Be strong:

Dieser Arbeitsstil zeichnet äußerst belastbare Arbeiter aus. Er beschreibt Menschen mit einem ausgesprochen großen Durchhaltevermögen. Auch in schwierigen und stressigen Situationen behalten sie einen kühlen Kopf und entfernen sich nicht von ihrem logischen und strukturierten Denken. Schwierig ist es für diese starke Persönlichkeit, Aufgaben abzugeben und sich Unterstützung zu holen, wenn es einmal eng wird. Personen mit diesem Arbeitsstil übernehmen gerne Führungsfunktionen.

Anwendung

Das Tool kann als Spiel in eine Seminargruppe eingebracht werden, bei dem die Gruppe Verhaltensweisen neu bewertet. Die Verhaltensweisen erfahren so oft eine neue Wertschätzung.

In der ersten Runde stellt der Moderator die fünf verschiedenen Arbeitsstile vor. Jeder Teilnehmer versucht dann, sich für eine der Rollen zu entscheiden. Welche der Beschreibungen kommt seinem Arbeitsstil am nächsten? In der Regel finden die Teilnehmer mehr als eine Beschreibung für sich passend. In dem Spiel müssen sie sich aber für einen Arbeitsstil entscheiden. Jeder Teilnehmer, der sich entschieden hat, schreibt seine Rolle auf eine Karte und legt diese verdeckt vor sich hin.

Durchführung des Spiels

Dann findet eine Teamsitzung statt, bei der eine konkrete Aufgabe gestellt wird. In etwa 10- bis 15-minütigen Diskussionen sollen die Teilnehmer in einer Teilgruppe eine Aufgabe lösen. Zum Beispiel sollen sie einen gemeinsamen Projektplan andenken oder ein Betriebsfest planen. Dabei setzen sie ihren Personal Working-Style ein. Es ist auch erlaubt, seine Rolle zu überzeichnen. Das verhilft dem Rolleninhaber dazu, Abstand zu dieser Rolle zu bekommen und über sich selbst lachen zu können.

Danach sollen die Diskussionsteilnehmer den jeweiligen Personal Working-Style des Einzelnen erraten.

Nach der ersten Runde beginnt eine zweite. In der zweiten Runde wird für jeden Personal Working-Style eine Karte geschrieben. Die Teilnehmer bilden nun Fünfergruppen. Jede Gruppe erhält einen Satz Karten. Diese werden verdeckt in die Mitte gelegt und gemischt. Nun zieht jeder eine Karte und versucht die entsprechende Rolle in der zweiten Runde so gut zu spielen, dass die Rategruppe sie erkennen kann. Wenn es Spaß macht, kann das Spiel noch eine Runde weiter gespielt werden: Die Kar-

Unterschiedliche Rollen einnehmen

ten werden neu gemischt und die Diskussion zu einem anderen Thema wird begonnen. So erleben sich die Teilnehmer in unterschiedlichen Rollen und denken sich in die Working-Styles der anderen Teilnehmer ein.

Sich selbst besser verstehen lernen Mit diesem Spiel lernen die Teilnehmer zum einen das Konzept der Working-Styles gut kennen. Sie wählen ihren eigenen Stil aus und erproben ihn sofort in einer Diskussion. Das Feedback der Gruppe zeigt, ob sie mit ihrer Selbsteinschätzung richtigliegen. Öfter sagt jemand beim Feedback: »*Ich habe gedacht, ich bin ein Try hard, aber die andern haben das nicht erraten können. Sie haben mich als Please people erkannt. Das gibt mir zu denken.*«

Darüber hinaus versetzen sich die Teilnehmer in andere Working-Styles und erleben, was diesen Personen in einer Diskussion besonders wichtig ist. So unterstützen Sie Ihre Teilnehmer dabei, sich selbst besser zu verstehen. Zudem setzen Sie einen Feedbackprozess in Gang.

Weitere Anwendungsmöglichkeiten in Beratung, Training und Coaching

Dieses Tool kann genau in dieser Form auch in einem Teamcoaching angewendet werden, um Konfliktpotenziale aufzudecken und um die Stärken der einzelnen Teammitglieder zu würdigen. Auch in einem Coaching findet die Methode ihren Platz. Hier kann das Tool zum Beispiel mit Systemischen Skulpturen (mit Puppen oder anderen Stellvertretern, *siehe Tool 37*) kombiniert werden. Wichtig für die Teilnehmer ist, dass sie ihre eigene Rolle und die der Teamkollegen erkennen und für sich nutzen können.

Personal Working-Styles und Ich-Zustände Die Personal Working-Styles können bei Bedarf mit einer biografischen Einzelarbeit im Coaching verknüpft werden. Dafür werden die Antreiber mit den Ich-Zuständen der Transaktionsanalyse in einen Zusammenhang gebracht:

- angepasstes Kindheits-Ich: Hurry-up und Be perfect,
- natürliches Kindheits-Ich: Try hard,
- unterstützendes Eltern-Ich: Please people und
- kontrollierendes Eltern-Ich: Be strong.

Es kann nun besprochen werden, an welcher Stelle im Leben welches Verhalten erworben wurde und durch welche weiteren Kompetenzen dieses Verhalten heute ergänzt werden kann. Sinnvoll ist hier auch eine Ergänzung mit den Skripten *(siehe Tool 34)*. Auch hier wird zunächst eine Selbsteinschätzung der Teilnehmer angestrebt, dann ein Feedback unter den Teamkollegen. Ein Feedback von Ihnen als Coach rundet diesen Prozess ab. Nach einer eventuellen Erkundungsphase zur Entwicklung der dominanten Working-Styles kann die eigene Funktionalität im Team überprüft werden, neue Ideen für andere Verhaltensweisen können entwickelt werden.

TOOL 3 ATTRIBUTION

Ziel

Ziel dieses Tools aus der Kognitiven Verhaltenstherapie ist es, herauszufinden, in welcher Gegebenheit der Coachee die Ursache für ein Problem sieht. Dabei machen unterschiedliche Zuschreibungen von Ursachen auch unterschiedliche weitere Vorgehensweisen notwendig.

Grundlage: Kognitive Verhaltenstherapie

Beschreibung

Bei der Attribution geht es darum, einem Problem eine Ursache zuzuschreiben – also zu attribuieren. Wir weisen verschiedenen Dingen, die im Leben passieren, eine Ursache zu. Dies geschieht

Ursachen zuschreiben

häufig unbewusst. Wenn eine Ursache festgestellt worden ist, können Sie als Trainer, Berater oder Coach entsprechend reagieren und mit Ihrem Coachee nun in »die richtige Richtung« arbeiten. Folgende Zuschreibungen können unterschieden werden:

Lokation der Kontrolle/ Stabilität	Intern	Extern
Stabil	Fähigkeit, Können	Andere Personen, Umstände
Variabel	Anstrengung, Wollen	Glück, Zufall, Pech

Je nachdem, welche Ursache eine Person ihrem Problem oder ihrer Fragestellung zuordnet, findet sie auch andere Möglichkeiten der Veränderung. Erlebt beispielsweise eine Person eine unangenehme Situation als von außen verursacht (sie ordnet dem Problem also eine externe Ursache zu), fühlt sie sich nicht in der Lage, etwas zu verändern. Dann schreibt sie das Problem dem Schicksal zu oder macht etwa den »bösen Kollegen« dafür verantwortlich und versucht mit den widrigen Umständen zurechtzukommen. Sie wird aber in der Regel nicht aktiv das Geschehen in die Hand nehmen und bei sich eine Veränderung anstreben.

Beispiele für Zuschreibungen Erlebt sich die Person hingegen selbst (interne Zuschreibung) als der Verursacher der schwierigen Situation, dann liegt es auch in ihrer Hand, Veränderungen vorzunehmen. Das trifft vor allem dann zu, wenn sie der Auffassung ist, dass sie selbst etwas verändern kann (variabel). Kommt sie zu dem Schluss, dass eine Veränderung außerhalb ihres Könnens liegt, sie also nicht zu einer Veränderung in der Lage ist, bleibt das Verhalten auch stabil.

Bevor Sie also in einen Veränderungsprozess einsteigen, ist es sehr hilfreich zu wissen, wie Ihr Gegenüber attribuiert. In vielen Fällen müssen Sie zunächst über das Attributionsmuster sprechen, bevor Sie eine Verhaltensveränderung einleiten können. Nehmen wir wieder das Beispiel, dass eine Person extern attribuiert und sich selbst nicht für den Verursacher ihrer schwierigen Situation hält. Wenn Sie als Coach aber Anhaltspunkte dafür sehen, dass die Person einen Anteil an ihrer eigenen misslichen Lage hat, dann ist es hilfreich, die Zuschreibung zu verändern, bevor Sie in die Verhaltensmodifikation einsteigen. Ohne das Gefühl, selbst aktiv etwas verändern zu *können*, wird der Coachee nicht die notwendige Energie für den Veränderungsprozess bereitstellen *(siehe auch das Tool 32, Selbstwirksamkeit).*

Attributionsmuster erkennen

Anwendung

Ein Team nimmt das Coaching zum Anlass, um sich über den Teamleiter, der nicht an dem Coaching teilnimmt, zu beklagen. Die Klagen stimmen darin überein, dass alle Teammitglieder gerne ihre Arbeit machen würden, wenn der Teamleiter sie nur machen lassen würde. Es gibt eine Reihe von Beschwerden über den Teamleiter. Insgesamt attribuiert die Gruppe extern und stabil: »*Weil wir diesen Teamleiter haben, können wir nicht effektiv arbeiten.*« Sie betrachtet aber nicht den eigenen Anteil an der Situation.

Beispiel aus einem Teamcoaching

Als Coach können Sie nun die Gruppe in drei Kleingruppen einteilen und die anderen drei Felder des obigen Vierfelderschemas abfragen und jeweils einen Veränderungsprozess anstoßen:

- Aufgabe 1 (intern / stabil): »*Angenommen, es läge auch an uns, an unserem Können und unseren Fähigkeiten, dass wir unsere Projekte nicht erfolgreich zu Ende führen. Was genau wäre dann die Ursache und was können wir konkret tun, um uns in diesem Bereich deutlich zu verbessern?*«

- Aufgabe 2 (intern / variabel): »*Angenommen, die unzufrieden machende Situation hätte auch die Ursache, dass wir Teammitglieder uns nicht wirklich anstrengen. Wir haben einfach keine Lust mehr und nehmen unser Engagement zurück. Was würde sich konkret ändern, wenn wir uns wieder mehr engagieren würden, wenn wir wirklich etwas zum Erfolg des Teams beitragen wollten? Was müssten wir konkret tun?*«

- Aufgabe 3 (extern / variabel): »*Angenommen, wir als Team hätten einfach nur Pech gehabt. Das Schicksal wollte es so, dass unser Team scheitert. Gehen wir einmal davon aus, dass wir zukünftig mehr Glück hätten. Was könnten wir konkret tun, um unserem ›Teamglück‹ auf die Sprünge zu helfen?*«

Im Anschluss werden die Ergebnisse präsentiert und diskutiert. Dann wird festgelegt, welche Umsetzungsschritte notwendig sind, um die angestrebten Veränderungen in den nächsten vier Wochen zu erreichen.

Weitere Anwendungsmöglichkeiten in Beratung, Training und Coaching

Genauso wie im Teamcoaching oder im Workshopbereich kann das Tool im Coaching und in der Beratung Anwendung finden. In der Ernährungsberatung beispielsweise ist es entscheidend, wie ein Patient etwa sein Übergewicht betrachtet. Attribuiert er extern / stabil, dann ist jede Bemühung, mit ihm gemeinsam einen Ernährungsplan auszuarbeiten, sinnlos. Der Patient hat die feste Überzeugung, sein Übergewicht sei genetisch verursacht und er könne nichts dagegen tun. Wenn der Berater es nicht schafft, diese Haltung zu lockern, dann braucht auch nicht weiter beraten zu werden.

Vertritt der Patient die Auffassung, dass sein Übergewicht beispielsweise durch die langen Ruhezeiten nach einem Unfall (extern / variabel) oder durch die eigene mangelnde Disziplin (intern / variabel) verursacht ist, dann kann der Ernährungsberater hier ansetzen. Einem Veränderungsprozess steht nichts im Wege. Schwieriger wird es, wenn ein Patient intern / stabil attribuiert und die Überzeugung vertritt, er sei einfach nicht in der Lage, diszipliniert einen Ernährungsplan umzusetzen. Hier geht es zunächst darum, die Selbstwirksamkeit *(siehe auch Tool 32)* zu erhöhen, bevor mit der Veränderungsarbeit begonnen werden kann.

Beispiel »Ernährungsberatung«

TOOL 4 AUSNAHMEN NUTZEN

Ziel

Im Lösungsorientierten Ansatz von Steve de Shazer sollen mittels Fragen Ausnahmen vom üblichen Verhalten identifiziert werden. Diese Ausnahmen betreffen außergewöhnliche Verhaltensweisen, mit denen zum Beispiel Probleme bewältigt werden konnten. Es geht darum, Situationen zu ermitteln, in denen das außergewöhnliche Verhalten bereits erfolgreich ein- oder umgesetzt worden ist. Dem Klienten soll bewusst werden, was er anders macht, wenn er bestimmte Ressourcen nutzt, und wie er diese Fähigkeiten auf die aktuelle Herausforderung aktiv übertragen kann. Ziel ist es, diese Ausnahmen vom üblichen Problemlösungsmuster bewusst zu machen, auszulösen und zu wiederholen.

Grundlage: Systemische Therapie und Lösungsorientierter Ansatz

Beschreibung

Der Ansatz legt viel Wert auf verdeckte und verschüttete, aber vorhandene Ressourcen des Klienten. Um diese wieder bewusst

Brachliegende Ressourcen aufdecken

zu machen, werden Fragen gestellt, die auf Lösungsmöglichkeiten hinweisen. Sie suchen nach erfolgreichen Lösungsstrategien, die wieder bewusst und damit einsetzbar werden. Es geht hier vor allem um Strategien, die dem Klienten ohne fremde Hilfe zur Verfügung standen und heute noch stehen. Oft sind es Fähigkeiten, die einfach in Vergessenheit geraten sind oder die mit der aktuellen Problemsituationen noch nicht in einen Zusammenhang gebracht wurden.

Beim Explorieren von Ausnahmen helfen folgende Fragen:

- Wann ist es Ihnen zuletzt gelungen, weniger / mehr / anders ...?
- Erinnern Sie sich bitte an folgende Situation ... (typische kindliche Probleme / berufliche Probleme schildern, die überwunden wurden)
- Gibt es eine Situation / einen Kontext, in dem es Ihnen schon gelungen ist, zu ...?
- Wann haben Sie eine solche Situation schon einmal auf eine bessere / andere Art gelöst?
- Wie haben Sie das damals geschafft?
- Was hat Ihnen dabei geholfen?
- Was haben Sie anders gemacht als üblich?

Anwendung

Erfolgsbeispiele aus der Vergangenheit nutzen

Ist beispielsweise jemand der Auffassung, er könne zwar mit Freunden ohne Schwierigkeiten locker sprechen, aber mit Fremden oder Geschäftspartnern falle es ihm schwer, ins Gespräch zu kommen, dann führen die genannten Fragen einen Schritt weiter. Sie helfen, Situationen zu finden, in denen der Klient Strategien angewendet hat, die ihm zu einer besseren Kommunikation verholfen haben. Wichtig für Sie ist es, mindestens eine konkrete Situation herauszufinden, in dem das Zielverhalten ohne große Mühe aufgetreten ist. Dieses wird herausgearbeitet, genau betrachtet, und die einzelnen Elemente des erfolgreichen Verhaltens werden dann auf den aktuellen Problemkontext übertragen. Angefangen wird immer mit dem Element, das der Coachee am einfachsten umsetzen kann. Nach einem erfolgreichen Probelauf wird ein weiteres Element hinzugezogen, usw.

Folgende Fragen können Ihnen zum Beispiel beim Thema »Redetraining« konkret weiterhelfen:

- Wenn Sie sich mit einem Freund treffen, macht es Ihnen dann Spaß, sich mit ihm zu unterhalten?
- Wie kommt es, dass es Ihnen Spaß macht und Ihnen das Gespräch leicht fällt?
- Welche Gegebenheiten sind wichtig, damit Sie mit Spaß und leicht sprechen können?
- Erinnern Sie bitte eine Situation, in der eine der genannten Gegebenheiten nicht vorhanden war, aber es Ihnen trotzdem gelungen ist, mit Spaß und leicht zu sprechen.
- Wie haben Sie das Fehlen dieser Gegebenheit kompensiert?
- Vielleicht fällt Ihnen eine Situation ein, in der mehrere Dinge, die Ihnen normalerweise Sicherheiten geben, nicht vorhanden waren und es Ihnen trotzdem gelungen ist, mit Spaß und leicht zu sprechen?

Alle diese Fragen dienen dem Identifizieren von schwierigen Situationen, deren Bewältigung dem Coachee Spaß gemacht haben und für ihn leicht zu handhaben waren. Im zweiten Schritt geht es um Situationen, die nicht ganz so einfach zu bewältigen waren, die er aber dennoch erfolgreich abschließen konnte. Hier geht es für den Coachee darum zu lernen: Was tue ich genau, um auch in schwierigeren Situationen erfolgreich zu sein? Darauf aufbauend können Sie mit dem Coachee Strategien entwickeln, die es ihm ermöglichen, die Ausnahmen immer mehr zu generalisieren und auf alltägliche und schwierige Situationen zu übertragen.

Ausnahmen generalisieren

Weitere Anwendungsmöglichkeiten in Beratung, Training und Coaching

Ausnahme zur Regel machen

In vielen Seminaren und Workshops kommt die Rückmeldung, dass viele von den neu erlebten und erfahrenen Dingen oft schon zuvor im Alltag unbewusst ein- und umgesetzt wurden. Dieses Phänomen kann von Ihnen aktiv genutzt werden, indem Sie diese Erkenntnis an den Anfang des Seminars stellen. Sie stellen damit das traditionelle Seminarkonzept auf den Kopf: Anstatt mit der Theorie zu beginnen und theoretische Lösungsmöglichkeiten zu entwickeln, die dann in die Praxis umgesetzt werden sollen, stellen Sie die Praxissituationen, in denen die Teilnehmer gewünschtes Verhalten ja bereits gezeigt haben, an den Anfang des Seminars. Der Erfolg des Seminars besteht dann in dem zielorientierteren und in dem systematischen Einsatz dieser Verhaltensweisen – die Ausnahme wird zur Regel gemacht.

Sie beginnen also mit den schwierigen Beispielen, die die Teilnehmer einbringen. Im zweiten Schritt werden Kleingruppen an dieses Beispiel gesetzt mit der Aufgabe, Lösungsideen zu produzieren. Dabei werden sie auch konkret angeleitet, in anderen Kontexten nach Lösungen zu suchen: » *Wo habe ich schon einmal ein ähnliches Problem gehabt und erfolgreich gelöst?*«

Lösungsorientierte Stimmung

Erst wenn die Lösungen der Teilnehmer zusammengestellt sind, kann ein ergänzender neuer Input gegeben werden, der die vorhandenen Fähigkeiten unterstützt und ergänzt. Dieser fällt dann auf fruchtbaren Boden und kann leichter angenommen und verarbeitet werden. Ein weiterer Vorteil dieses Tools: Als Trainer schützen Sie sich so vor Teilnehmern, die zeigen wollen, dass nichts von dem, was methodisch vorgeschlagen wird, funktioniert. Die Denkrichtung im Seminar oder im Workshop ist von Anfang an lösungsorientiert und an den konkreten Erfolgen der Teilnehmer ausgerichtet.

TOOL 5   CHUNKEN

Ziel

Dieses Tool aus dem NLP (nach Chris Hall) soll es dem Coachee
oder Teilnehmer ermöglichen, auf einer anderen Ebene über sein
Problem nachzudenken. Die Größe der Wahrnehmung in Bezug
auf das Problem soll gewechselt werden können, um wieder flexibler zu werden. Mit dem Chunken soll deutlich werden, dass
das Problem, wird es auf einer anderen sprachlichen Ebene beschrieben, übersichtlicher und kleiner wirkt.

**Grundlage: Neuro-
linguistisches
Programmieren**

Beschreibung

Menschen nutzen bei der Beschreibung von schwierigen Situationen gerne eine sprachliche Abstraktionsebene, die das Problem
unüberwindbar erscheinen lässt. Die Wahl der Worte macht die
Sache größer, als sie eigentlich sein müsste. Außerdem transportieren sie oft Vorannahmen, die unverrückbar erscheinen und
sie in ihrem Denken und Handeln blockieren. Wenn Sie also
das Gefühl haben, dass die geschilderte Situation nicht so sehr
schwierig ist, dass Ihre Coachees oder Ihre Teilnehmer aber aus
einer angestrengten und wenig lösungsorientierten Lage auf das
Thema schauen und so zu keiner Lösung kommen, dann lohnt
es sich, mit Chunking-Fragen zu versuchen, diese Denkhaltung
der Coachees oder Teilnehmer zu beeinflussen.

Chunking-Fragen

Als Moderator oder Coach können Sie mit diesem Tool gezielt
Fragen stellen, die den Klienten oder Teilnehmer auf Details blicken lässt (Chunkdown) oder die schwierige Situation in einen
größeren Zusammenhang stellen lässt (Chunk-up).

Typische Chunk-up-Fragen
- fokussieren die zeitliche Perspektive: *» Wie werden Sie in 5,
  10 Jahren oder als Rentner darüber denken und sprechen?«,*

Chunk-up

- führen weitere Beteiligte ein: *» Wer ist noch involviert?«* und
- zeigen eine Umfeldperspektive auf: *» Wie sieht das auf gesell-schaftlicher Ebene aus? Gibt es andere Lebensbereiche, in denen das auch eine Rolle spielt?«*

Chunk-down Typische Chunk-down-Fragen hingegen helfen

- hinter die generalisierende Haltung zu blicken: *» Was genau meinen Sie, wenn Sie sagen, Sie wollen weniger belastet werden? Was bedeutet ›belastet‹ genau?«*,
- die Beteiligten herausfinden zu lassen: *» Wer belastet Sie Ihrer Meinung nach?«* und
- die Situation zeitlich einzugrenzen: *»Möchten Sie bitte einmal überlegen, in welchen Situationen Sie sich konkret belastet fühlen bzw. zu welchen Tageszeiten genau Sie eine Belastung erleben?«*

Die Fragen zielen darauf ab, die eingeschränkte Perspektive aufzulösen und durch eine erweiterte Wahrnehmung der Situation auch wieder neue Handlungsmöglichkeiten zu entwickeln. Chunking-Fragen enthalten Ideen des Meta-Modells *(siehe Tool 21)*.

Anwendung

Einem Coachee, der eine Unzufriedenheit äußert, helfen Sie durch Chunking-Fragen, neue Wahlmöglichkeiten bezüglich des eigenen Verhaltens zu entdecken. Beispielsweise können Sie einer Abteilungsleiterin, die mit ihrer Position unzufrieden ist, folgende Fragen stellen:

Chunk-down:

- Was bedeutet »unzufrieden« genau?
- Wie äußert sich das?
- Wann fängt das an: morgens? Mittags? Abends?
- Von welchen Ereignissen hängt das genau ab?
- Welche Gedanken haben Sie, um sich von diesem Gefühl zu befreien?
- Wie schaffen Sie es, dass Ihre Kollegen / Mitarbeiter davon nichts wissen?
- Wie genau motivieren Sie sich im Alltag?

Chunk-up:

- Gibt es weitere Abteilungsleiter in Ihrer Firma, die unzufrieden sind?
- Wie zufrieden sind die Führungskräfte in Ihrer Firma / in Deutschland allgemein?
- Wie werden Sie über diese Lebensphase nachdenken, wenn Sie in Rente sind?
- Ist Zufriedenheit ein maßgebliches Kriterium für die Güte eines Arbeitsplatzes?

Je nach Thema werden die Fragen variiert. Sie haben aber immer die gleiche Zielrichtung:

Sie sollen die Wahrnehmung erweitern, indem die beklagte Situation genauer betrachtet wird (Chunk-down) oder indem die beklagte Situation in einem größeren Zusammenhang gesehen wird (Chunk-up).

Weitere Anwendungsmöglichkeiten in Beratung, Training und Coaching

Schlechte
Stimmung
bekämpfen

In Trainings, Seminaren und Workshops, in denen Ihnen eine schlechte Stimmung entgegenschlägt, kann es hilfreich sein, ein Chunk-up vorzunehmen. Das versetzt die Teilnehmer in die Lage, die beklagenswerte Situation aus einer anderen Perspektive zu betrachten und in Relation zur Situation in anderen Abteilungen oder Unternehmen betrachten zu können. Ein Chunk-up beruhigt die Gemüter und macht es möglich, sich auf die vereinbarten Inhalte der Veranstaltung konzentrieren zu können. Die Teilnehmer fühlen sich nicht mehr alleine mit der Situation und können sich auf einen Veränderungs- oder Entwicklungsprozess einlassen.

TOOL 6 CONTRACTING

Ziel

Grundlage:
Gestalttherapie,
Transaktionsanalyse

Das Contracting ist ein Tool aus der Gestalttherapie (nach Fritz und Lore Perls) und der Transaktionsanalyse (nach Eric Berne und Thomas Harris), das beide Seiten – also Trainer / Berater / Coach und Teilnehmer / Klient / Coachee – vor unliebsamen Überraschungen schützen soll. Im Contracting wird klar festgelegt, was beide Seiten voneinander erwarten und wie und mit welchen Zielen und über welche Zeitdauer miteinander gearbeitet werden soll. Durch einen klaren und eindeutigen Vertrag soll möglichen Konflikten vorgebeugt werden.

Beschreibung

Auf das Contracting wird in der Gestalttherapie und in der Transaktionsanalyse besonderer Wert gelegt. Dem Contracting geht immer ein guter Kontakt voraus. Die Transaktionsanalyse beschreibt das mit der Haltung »Ich bin o.k. – Du bist o.k.«, die als Basis für jedes Miteinander bis heute auch in den Kontexten Führung und Zusammenarbeit unbestritten ist. Die Gestalttherapie weist neben dem guten Kontakt auch auf die Bedeutung des Kontextes hin: Der Kontext beschreibt den Hintergrund und die Erfahrung, mit der ein Mensch in eine neue Situation kommt und aus denen sich Interessen und Wünsche für das Contracting ableiten lassen.

Kontakt, Kontext und Kontrakt

Eine Vereinbarung ist also immer durch ein Spannungsfeld geprägt:

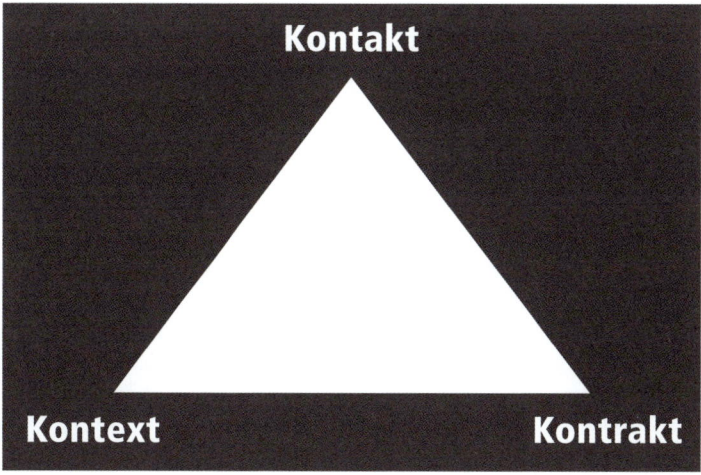

Ein Contracting kann auch mit dem formalen Vertragsgespräch verbunden werden, wenn der Coachee oder Teilnehmer gleichzeitig der formale Vertragspartner ist. Es versteht sich als Com-

Contracting und Vertragsgespräch

mitment auf ein gemeinsames Ziel und auf eine gemeinsame Projektplanung. In diesem Vereinbarungsgespräch geht es um die Rahmenbedingungen des Coachings, um die Zahlungsweise, um die Prozessgestaltung und um die Inhalte. Die Vereinbarung(en) dienen zudem dem Ziel, den Erfolg der Zusammenarbeit messen zu können.

Folgende Punkte sollten in einem Coaching-Kontrakt erwähnt sein:

1 Beteiligte Personen

2 Kompetenzen der Personen (Wer verhandelt über die Inhalte? An wen wird was berichtet? Wer verhandelt über das Honorar?)

3 Geplante Inhalte

4 Gewünschte Ergebnisse

5 Prozessgestaltung mit Chancen und Grenzen

6 Rahmenbedingungen wie Termine, Uhrzeit und Räumlichkeiten

Anwendung

Ein Contracting findet auch zu Beginn eines Trainings statt, nämlich immer dann, wenn der Trainer das Programm vorstellt und die Teilnehmer ihre Wünsche und Erwartungen formulieren. Hier wird vereinbart, was in der gemeinsamen Zeit geschehen soll. An diesem ersten Kontrakt wird der Erfolg der Maßnahme abschließend gemessen.

Contracting im Seminar Beispielsweise kann an den Anfang eines Seminars, eines Trainings, eines Workshops die Kontraktarbeit gestellt werden. Nachdem die Anwärmphase vorbei ist und die Teilnehmer miteinander in Kontakt kommen konnten, geht es um ihre Erwartungen und die Angebote, die Sie machen können. Solange es nicht um die standardisierte Version eines Trainings geht, ist diese Phase ganz wichtig, um die Weichen für eine erfolgreiche Arbeit zu stellen. Dieser Prozess kann durch folgende Fragen unterstützt werden:

- Warum habe ich mich für dieses Training / Seminar oder diesen Workshop interessiert?
- Was erwarte ich? Was soll also nach Abschluss der gemeinsamen Arbeit anders sein als vorher?
- Welche der vorgestellten Themen passen zu meinem Kontext und werden daher für mich nutzbringend sein?
- Welche Ziele bringe ich mit?
- Was erwarte ich von der Leitung?
- Was soll nicht passieren?

Wichtig ist es auch für Sie, abzuklären, was Sie leisten können. Nicht alle Wünsche und Erwartungen können immer in der vorgegebenen Zeit erfüllt werden. Darum ist es wichtig, genau aufzuzeigen, was in diesem Rahmen möglich ist und welche Themen an anderer Stelle besprochen werden können. Erst wenn für alle Teilnehmer ersichtlich ist, welche Ziele sie erreichen können und wie der Ablauf sein wird, kann die eigentliche Arbeit ohne weitere Störungen beginnen. Das heißt: Wird die Zeit für ein klärendes Contracting zu Beginn nicht investiert, bleiben Fragen offen und Erwartungen ungeklärt. In manchen Fällen fühlen sich die Teilnehmer dann in einen Prozess geführt, den sie nicht angestrebt haben.

Folgen bei fehlendem Contracting

Auch während eines Seminars kann es immer wieder passieren, dass der Bedarf nach einem erneuten Contracting entsteht, etwa wenn beispielsweise von einzelnen Teilnehmern der Wunsch nach der Behandlung eines besonderen Themas formuliert wird. Der Trainer kann hier nicht ohne die Gruppe entscheiden, ob er diesem Thema Raum geben soll. Er sollte mit der Gruppe daher wieder ein kurzes Contracting vornehmen: »*Ist das für alle*

interessant? Können wir dafür eine halbe Stunde einschieben?
Möchte jemand lieber dem zuvor vereinbarten Plan folgen?«

Weitere Anwendungsmöglichkeiten in Beratung, Training und Coaching

Coaching:
nur MIT Contracting

Dieses Tool hat für die Beratung und das Coaching eine herausragende Bedeutung, da es zu der Ausgestaltung eines Coachings oder einer Beratung keine verbindlichen Standards gibt. Ein Coaching ohne ein explizites Contracting zu beginnen ist ein Kardinalfehler. Es ist sehr wichtig, die Vorstellung des Coachees zum Coaching-Prozess zu erfragen und eine inhaltliche Festlegung mit dem Coachee vorzunehmen. Das Contracting kann dann möglicherweise nach ein paar Sitzungen modifiziert werden. Wichtig auch noch: Es hat sich bewährt, den Kontrakt schriftlich zu formulieren.

TOOL 7 **DOSE VOLLER WÜRMER**

Ziel

Grundlage:
Systemische
Familientherapie
(Virginia Satir)

Das Tool »Dose voller Würmer« aus der Systemischen Familientherapie nach Virginia Satir hat zum Ziel, Transparenz in die Rollen und Erwartungen einzelner Teammitglieder zu bringen.

Beschreibung

Virginia Satir fühlte sich durch die Beziehungsgeflechte in Familien an eine Dose voller Würmer erinnert. Sie empfand die Bindungen untereinander als unübersichtlich und verschlungen, sodass sie die Dose voller Würmer als geeignete Metapher für das Beziehungsgeflecht wählte.

Um etwas Übersichtlichkeit und Klarheit in das Beziehungsgeflecht der Familien zu bringen, hat sie folgendes Verfahren vorgeschlagen, das genauso gut auf Teams anwendbar ist: Zunächst
wird eine Zeichnung von dem Team angefertigt. Aus dieser
Zeichnung geht hervor, wer an welcher Stelle steht. Personen, die
enger miteinander kooperieren, werden nah beieinander dargestellt. Personen, die weniger miteinander arbeiten, stehen weiter
entfernt voneinander. Personen, die mehr Verantwortung tragen,
werden ebenfalls besonders positioniert.

**Beziehungsgeflechte
entwirren**

Unter oder über jede Person wird nun seine Rolle geschrieben:
Teamleiter, Projektverantwortlicher, Controller, Entwickler, Or-
ganisator etc. Manche Teammitglieder haben auch mehr als
eine Bezeichnung. Es sollte auch dargestellt werden, mit wem
die Teammitglieder außerhalb der Gruppe in Beziehung stehen –
beispielsweise steht derjenige, der die Controlling-Funktion in-
nehat, mit der Finanzabteilung in Verbindung. Der Teamleiter
hat Kontakt zu seinen Kollegen, und der Entwickler hat Kontakt
zu anderen Entwicklern in der Organisation. Aus diesem Bild
wird deutlich, wie das Team im Unternehmen eingebettet ist und
welche Abhängigkeiten nach außen bestehen.

Rollenzuordnung

In der Regel bestehen in Teams sehr verschiedene Ansichten über
die Rollen und die damit verbundenen Aufgaben, Kompetenzen
und Verantwortlichkeiten. Deswegen geht es im nächsten Schritt
darum, diese Rollen zu klären, sodass sich die Teammitglieder
untereinander besser verstehen. Es ist erstaunlich zu beobachten,
wie entwirrt und strukturiert der Inhalt der Dose voller Würmer
nach der Rollenklärung ausschaut. Zur weiteren Klärung ist folgender Ablauf hilfreich:

Rollenklärung

1. Jeder benennt die eigene Rolle und die für ihn damit verbundenen Aufgaben, Kompetenzen und Verantwortlichkeiten.
2. Jeder benennt für die anderen Rollen seine Erwartungen.

Ausschnitt aus einem Beziehungsgeflecht im Team – drei typische Darstellungen

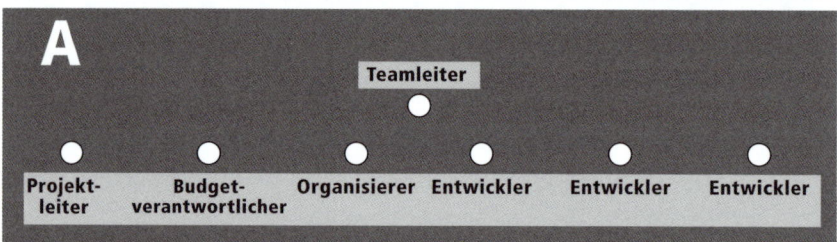

A

Teamleiter

Projekt-leiter · Budget-verantwortlicher · Organisierer · Entwickler · Entwickler · Entwickler

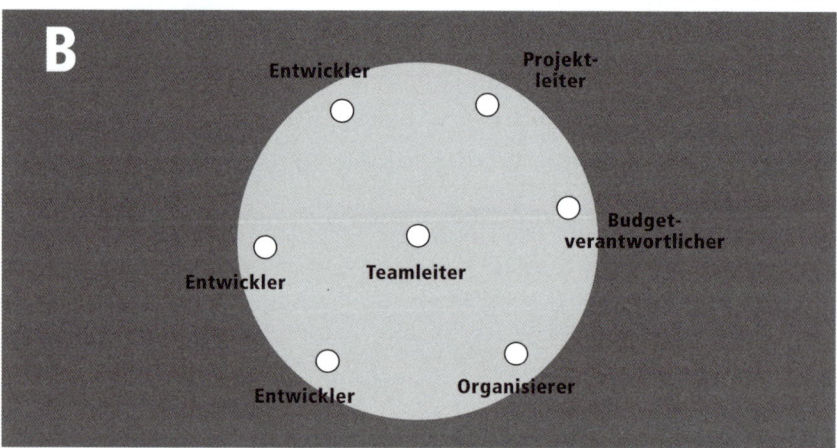

B

Entwickler · Projekt-leiter · Budget-verantwortlicher · Teamleiter · Entwickler · Entwickler · Organisierer

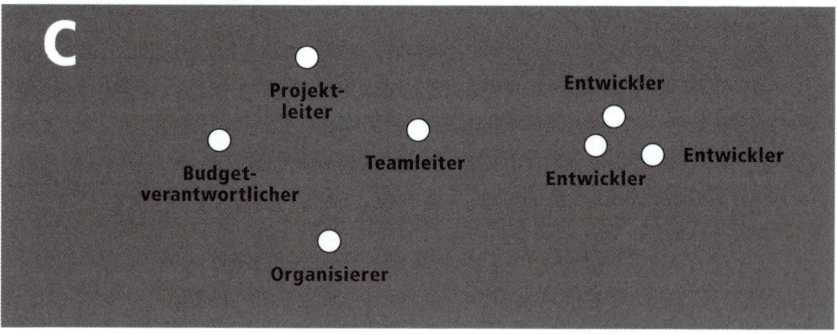

C

Projekt-leiter · Budget-verantwortlicher · Teamleiter · Entwickler · Entwickler · Entwickler · Organisierer

Bei größeren Teams sollten diese Aufgaben in kleinen Gruppen besprochen werden, die direkt zusammenarbeiten.

Schließlich stellt jedes Teammitglied seine Außenverbindungen dar und zeigt auf, welche Verpflichtungen es nach außen hin hat. Das bringt für die anderen Teammitglieder weitere Transparenz in die »Dose voller Würmer«.

Anwendung

Dieses Tool ist prädestiniert für ein Teamcoaching oder eine Teamentwicklungsmaßnahme. Wenn beispielsweise ein Marketingteam bei Ihnen anfragt, weil es dort nach eigener Beschreibung »drunter und drüber« geht, keiner weiß, was der andere tut, geschweige denn genau klar ist, was der Einzelne zu tun hat, dann kann das Entflechten der Dose voller Würmer einen enormen Beitrag leisten.

Teamcoaching und Teamentwicklungsmaßnahme

Gehen Sie dabei wie oben beschrieben vor. Ist die Zeichnung erstellt – was oft auch durch größere Diskussionen begleitet wird –, hat immer nur ein Teammitglied das Wort. Es formuliert (zum Beispiel) folgende Sätze:

»Ich bin in diesem Projektteam der (Controller).
Meine Aufgabe sehe ich folgendermaßen: ....
Meine wichtigsten Kompetenzen sind ....
Ich bin in erster Linie verantwortlich für ....
Für mich ist die Funktion des (Controllers) gut ausgefüllt,
wenn ich ....«

Das Statement des Controllers wird von Ihnen oder von dem Teilnehmer selbst schriftlich festgehalten und unter seinen Namen in dem Schaubild geheftet.

Wenn alle Teammitglieder mit diesem Statement fertig sind, schreiben sie auf andersfarbige Karten, was sie jeweils von den anderen Teammitgliedern erwarten. Jedes Teammitglied hängt dann seine Erwartungen unter den Namen der jeweils anderen Teammitglieder. Auch der Absender sollte auf der Karte vermerkt sein. Jeder präsentiert so seine Karten. Die anderen hören zu und dürfen bei Unklarheiten Fragen stellen.

Meeting und »Party« veranstalten

Danach findet eine Art Meeting statt, das Virginia Satir »Party« genannt hat, bei der jeder zunächst seine Karten in Ruhe betrachtet und dann mit den einzelnen Kollegen noch einmal das Gespräch sucht, um bei Unklarheiten genauer nachzufragen und um Details zu klären. Wie bei einer Cocktail-Party wandert man von einem zum anderen Gast und sucht das Gespräch. Für diese Party sollten Sie etwas Zeit einplanen. Es ist wichtig, jetzt die relevanten Fragen stellen zu können. Denn die meisten Teams sprechen nach einem solchen Teamklärungsprozess oft lange Zeit nicht mehr über ihre Erwartungen. Es sei denn, das Verfahren wird in ähnlicher Form übernommen und etabliert.

In der abschließenden Runde sitzen alle zusammen und teilen in einem Kurzstatement mit, was sich für sie nun geklärt hat.

Dieses Tool kann Konflikte offenbaren, die dann mit Hilfe des Moderators in geeigneter Form geklärt werden können.

Weitere Anwendungsmöglichkeiten in Beratung, Training und Coaching

Das Tool ist auch im Coaching nützlich. Hier kann das Verfahren in ähnlicher Form mit nur einer Person durchlaufen werden. Diese Person zeichnet dann alleine oder stellt alleine mit Figuren ihre Teamsituation auf. Sie beschreibt dann ihre Vermutungen in

Bezug auf die einzelnen Rollen und die Erwartungen der anderen an sie selbst. Es ist wichtig, immer wieder darauf hinzuweisen, dass wir uns in einem solchen Prozess mit nur einer Person im Raum der Vermutungen bewegen: »Wir wissen nicht, wie der Teamleiter seine Rolle beschreiben würde. Das, womit wir arbeiten können, sind Annahmen.«

Das Tool hilft dem Coachee häufig, sich über sich selbst klarer zu werden. Auch die Deutlichkeit, mit der der Coachee formuliert, was er genau von den anderen erwartet, ist hilfreich, sich der eigenen Position etwa im Team bewusst zu werden.

Selbsterkenntnis des Coachees

TOOL 8 · DREI SÄULEN

Ziel

Ziel der drei Säulen aus der Klientenzentrierten Gesprächsführung nach Carl Rogers ist es, einen guten Draht zum Gegenüber herzustellen. Die Idee ist, dass nur in einer vertrauensvollen Atmosphäre gut und erfolgreich zusammengearbeitet werden kann.

Grundlage: Klientenzentrierte Gesprächsführung

Beschreibung

Für Carl Rogers basiert die Zusammenarbeit mit einem Klienten vor allem auf drei Säulen:

1. Empathie / einfühlendes Verstehen: Empathie bedeutet, dass Sie versuchen, die Welt Ihres Gegenübers zu verstehen. Sie fühlen sich ein und versuchen seine Gedankengänge und Gefühle nachvollziehen zu können, um zu verstehen, wie es Ihrem Gegenüber genau geht.

Bedeutung der Säulen

2. Wertschätzung / Akzeptanz: B0ei der Wertschätzung geht es darum, den anderen nicht negativ zu bewerten, sondern seine Reaktionen im Leben »draußen« als seine bestmögliche Variante zu begreifen. Es geht darum, im Setting den Menschen genau so zu akzeptieren und wertzuschätzen, wie er ist – ganz unabhängig von Höflichkeiten, Leistungen oder anderen Bedingungen.
3. Echtheit / Kongruenz: Mit Echtheit und Kongruenz ist gemeint, dass Sie echt und ehrlich auf den anderen reagieren. Sie tauschen also nicht Höflichkeiten aus, sondern sagen, was Sie fühlen und denken. Dabei ist es sicherlich wichtig, nicht alles zu sagen, was Sie denken (ein häufiges Missverständnis in Bezug auf die drei Säulen). Aber alles, was Sie auswählen und ausdrücken, sollte echt sein.

Ähnliche Ansätze – und doch anders

Die drei Säulen haben sich in der Beratungsszene insgesamt durchgesetzt. Man findet selten Personen, die von sich behaupten, diese Prinzipien nicht anzuwenden. Genau genommen handelt es sich hierbei nicht um ein Tool, sondern eher um eine Haltung – wie auch Rogers immer wieder betonte. Und auch Farrelly übernahm diese Haltung. Allerdings hat er mit dem einfühlenden Verstehen Probleme. Seiner Meinung nach ist das Verstehen des Problems des Gegenübers nicht besonders hilfreich. Das einfühlende Verstehen bezieht sich bei ihm deswegen nur auf den Menschen, nicht aber auf das Problem oder Symptom, das er hat. Auch de Shazer ist bei seinem Lösungsorientierten Ansatz nicht ganz so begeistert von der Idee, das Problem seines Gegenübers »verstehen« zu wollen. Seiner Meinung nach schafft das Reden über Probleme erst Probleme, er geht lieber gleich zu der Lösungssuche über.

Anwendung

Echtheit, Kongruenz und Wertschätzung finden sich in den meisten Beratungsgesprächen als wichtige Haltungen wieder. Ein

Mittel, um diese Haltungen auszudrücken, ist das hinlänglich bekannte Aktive Zuhören – dazu ein Beispiel:

- **Klient**: »Ich müsste eigentlich abnehmen, aber ich schaffe es nicht. Immer wieder kommt etwas dazwischen: ein Urlaub, eine Hochzeit, eine Party. Ich weiß nicht, wie das gelingen kann.«
- **Berater**: »Habe ich Sie richtig verstanden? Sie würden gerne einerseits abnehmen. Andererseits möchten Sie aber bei besonderen Anlässen nicht gerne auf die angebotenen Köstlichkeiten verzichten. Sie sind bisher der Auffassung, dass Sie nur abnehmen können, wenn es einen geregelten Alltag gibt.«
- **Klient**: »Genau. Das macht es so schwierig. Denn wann ist schon ein geregelter Alltag? Erst Weihnachten, dann Karneval, dann Ostern und immer wieder die privaten Geburtstage.«
- **Berater**: »Die Phasen des geregelten Alltags sind also zu kurz, um mit diesem Verhalten zum Erfolg zu kommen. Was müssten Sie in Ihrem Verhalten ändern, wenn Sie dennoch erfolgreich sein wollten?«

Sie sehen: Der Berater fasst die nicht gesagten, aber gemeinten Anteile zusammen und gibt sie zurück. Das klärt für den Klienten das, was er eigentlich gesagt hat. Denn die Version des Klienten klingt oft nicht so eindeutig. Der Berater verdeutlicht die ungesagten Anteile mit seinen Worten und »spiegelt« diese dem Klienten. Der kann so seine Darstellung kritisch hinterfragen, die absurden Anteile erkennen und mittels dieser Einsicht sein Verhalten verändern.

Interpretation des Dialogs

Weitere Anwendungsmöglichkeiten in Beratung, Training und Coaching

Die drei Säulen finden in vielen Zusammenhängen ihren Platz. Sie sind nicht nur wichtige Grundlage für Beratung, Training und Coaching, sondern sie sind inzwischen in der Führungslehre, in der Erziehung, in der Konfliktlösung und in vielen anderen Bereichen relevant. Sie sind immer wieder und in jeder Hinsicht anwendbar.

TOOL 9 DOUBELN

Ziel

Grundlage:
Psychodrama

Ziel ist es hier, im Rahmen eines Rollenspiels die Gefühle des Akteurs sichtbar zu machen. Dadurch, dass er seine Gedanken und Gefühle als von jemand anderem ausgesprochen wiederfindet, wird er sich ihrer bewusst und kann besser mit seiner inneren Gestimmtheit umgehen.

Beschreibung

Bei einem Rollenspiel in einem Seminar oder einem Training wird eine skizzierte Situation nachgespielt. Es werden Rollen verteilt, und der Akteur spielt seine Rolle als Führungskraft, Verkäufer, Kollege oder Ähnliches. Auf der anderen Seite sitzt ein Seminarteilnehmer, der den Gegenpart darstellt: Mitarbeiter, Kunde, Kollege …

Im Unterschied zu herkömmlichen Rollenspielen sitzt nun neben dem Akteur eine weitere Person: das Double. Dieses Double führt nicht das Gespräch, sondern versucht nach jedem Satz des Akteurs, dessen emotionale Stimmung zu beschreiben. Das geschieht, indem das Double die Dinge sagt, von denen es annimmt, dass der Akteur diese tatsächlich denkt – aber aus Höflichkeit nicht formuliert. Durch Gestik und Stimmführung werden diese Informationen aber dennoch transportiert. Mit Hilfe des Doubles soll der Akteur darauf aufmerksam werden.

Gehen Sie davon aus, dass nicht jeder Teilnehmer diese Aufgabe spontan meistert. Wählen Sie deswegen das Double genau aus, oder lassen Sie den Akteur eine Person seines Vertrauens wählen, die den Akteur schon länger kennt. Im Zweifelsfall spielen Sie selbst das Double.

Doubeln will gelernt sein

Anwendung

Dieses Tool kann immer dann angewendet werden, wenn der Akteur offensichtlich seine Gefühle nicht wahrnimmt. Beispielsweise kann es sein, dass der Akteur ein Verkaufsgespräch oder ein Mitarbeitergespräch in einem sehr aggressiven Ton führt, dies aber selbst nicht bemerkt. Mit Hilfe des Doubles kann er darauf aufmerksam gemacht werden. Dazu ein Beispiel aus einem Führungstraining:

Beispiel »Führungstraining«

- **Führungskraft:** »Hallo, guten Morgen, Herr Schulz. Ich möchte mit Ihnen gerne über Ihre Leistungen reden. Ich muss gestehen, dass ich in den letzten Monaten nicht mehr zufrieden bin. Ich finde, Ihr Engagement hat etwas nachgelassen.«
- **Double:** »Ich frage mich, warum Sie immer später kommen, früher gehen, bei Projektsitzungen keinen Beitrag mehr leisten und auch sonst nichts Konstruktives mehr bringen. Wenn das so weitergeht, werfe ich Sie raus.«
- **Mitarbeiter:** »So, das ist mir noch gar nicht aufgefallen. Ich denke, ich arbeite in gewohnter und erfolgreicher Weise.«

- **Führungskraft:** »Das sehe ich leider anders. Gestern zum Beispiel haben Sie in der ganzen Projektsitzung nicht einen Satz gesagt. Das ist doch sonst nicht Ihre Art.«
- **Double:** »Jetzt lügen Sie nicht rum. Es gibt einen Grund, und den sagen Sie jetzt bitte auch. An der Nase herumführen kann ich mich selber.«
- **Mitarbeiter:** »Ja, manchmal ist es wichtiger, zuzuhören, als zu reden.«
- **Führungskraft:** »Es wäre schon schön, wenn wir da eine Lösung finden können.«
- **Double:** »Jetzt fühle ich mich aber wirklich veräppelt. Was soll das? Wieso sagen Sie nicht, was los ist? Muss ich etwa deutlicher werden?«

Dieses Gespräch könnte noch weitergehen. Deutlich wird, dass sich der Vorgesetzte verbal freundlich verhält, obwohl er eigentlich unfreundlich werden möchte. Dies zeigt sich über seine Stimme und Körpersprache. In der Regel ist der Akteur überrascht, was der andere alles aufnimmt, obwohl er das so nicht formuliert hat und auch nicht in anderer Form deutlich machen wollte. Aber es kommt an. Das ist oft eine sehr wichtige Rückmeldung.

Weitere Anwendungsmöglichkeiten in Beratung, Training und Coaching

Coach als »Doubler«

Das Doubeln kann auch im Coachingprozess eingesetzt werden. Hier übernimmt der Coach die Rolle des Doubles. Es kann eingesetzt werden, wenn der Coach den Eindruck hat, dass der Coachee sehr sachlich über ein Problem berichtet, das ihn emotional aber sehr gefangen nimmt. Hier kann der Coach doubeln, um dem Coachee zu verdeutlichen, welche Signale er außer dem kontrollierten verbalen Ausdruck aussendet.

TOOL 10   FISH-BOWL

Ziel

Dieses systemische Tool dient dazu, in einer Gruppe möglichst schnell eine Lösung zu erarbeiten, an der alle Gruppenmitglieder beteiligt sind. Diese Beteiligung soll sicherstellen, dass alle Gruppenmitglieder die gefundene Lösung mittragen und unterstützen werden. Außerdem zieht das Tool eine Diskussion aus einer großen Gruppe heraus (was manchmal langwierig und wenig ergebnisreich ist) und delegiert es an effektivere Untergruppen.

Grundlage: Systemische Therapie (Mailänder Schule)

Beschreibung

Fish-Bowl ist eine strukturierte Gruppendiskussion, bei der die Gruppenmitglieder verschiedene Aufträge bekommen, um für ein Thema eine zufriedenstellende Lösung zu finden. Diskutiert wird in zwei Gruppen, jeweils unter der Beobachtung der anderen. So befinden sich einige Teilnehmer in der Mitte und werden wie in einem Fischglas von den anderen bei ihrer Diskussion beobachtet. Daran anknüpfend setzen sie ihre Diskussion mit einem neuen Auftrag fort. Den genauen Auftrag erteilt der Trainer. Die Teilnehmer, die eine Diskussion führen, sitzen in der Mitte, die anderen im Außenkreis. Nach Abschluss der ersten Runde wird gewechselt.

Es ist möglich, dass beide Gruppen den gleichen Auftrag erhalten (wie im Beispiel unten). Alternativ erhalten die Gruppen ergänzende Aufträge. Das heißt, dass nicht jeder Teilnehmer jedes Thema diskutiert. Sollte dieser Aufbau gewählt werden, ist es wichtig, die Teilnehmer zu mischen.

Strukturierte Gruppendiskussion

Anwendung

Beispiel »Konflikt-
bearbeitung«

Sollen beispielsweise in einem Workshop Konflikte zwischen zwei Abteilungen besprochen und neue Vereinbarungen getroffen werden, ist der Einsatz dieses Tools sinnvoll. Die Abteilung, die den Konflikt erkannt hat und den Workshop angeregt hat, sitzt zuerst in der Mitte, die Mitglieder der anderen Abteilung außen herum.

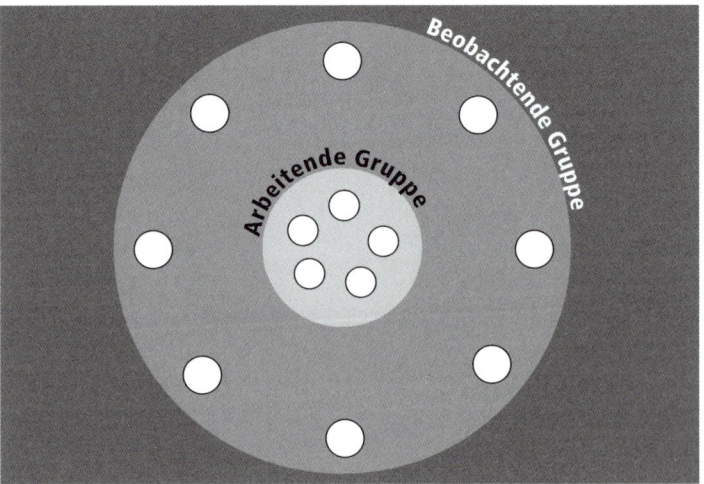

Nun erhalten die Teilnehmer, die im »Glas« sitzen, den Auftrag, die Konfliktsituation aus ihrer Sicht zu beschreiben:

■ Wie ist es zum Konflikt gekommen?
■ Wie macht sich der Konflikt bemerkbar?
■ Welche Auswirkungen hat der Konflikt?
■ Was wird als unangenehm erlebt und sollte verbessert werden?
■ Wie wird die Ist-Situation genau definiert?

Danach findet ein Wechsel statt. Die neuen Teilnehmer der anderen Abteilung beantworten die ersten Fragen noch einmal aus ihrer Sicht. Die Außenrunde hört zu. Nach einem weiteren Wechsel erhalten die Teilnehmer nun den Auftrag, Lösungsideen zu dem Vorgetragenen zu entwickeln:

- An welcher Stelle gibt es Wahrnehmungsdifferenzen?
- Was kann aktiv getan werden, um den Konflikt beizulegen?
- Welche Angebote können sie der anderen Abteilung machen?
- Wo sehen sie Ausgleichspotenzial?
- Welche Lösungsmöglichkeiten können entwickelt werden?

Ein erneuter Wechsel soll auch der zweiten Gruppe die Möglichkeit geben, die Lösungsideen zu ergänzen und weiterzuentwickeln. Dann wird das Verfahren aufgelöst und in der großen Gruppe entschieden, welche der Lösungsideen umgesetzt werden können. Dafür ist es wichtig, dass im Verlauf der Fish-Bowl-Diskussion die Ideen genau dokumentiert wurden.

Das Fish-Bowl kann auch mit ergänzenden Aufgaben durchgeführt werden. Da in diesem Beispiel die Konfliktparteien sehr uneins waren, wurde entschieden, dass alle Teilnehmer stark integriert werden müssen und deswegen jede Person die Chance haben sollte, sich zu jedem Thema zu äußern. Schlagen die Wogen nicht so hoch, hätte eine Teilgruppe (gemischt aus den beiden Abteilungen) das Problem oder den Konflikt noch einmal genau definiert. Die zweite Teilgruppe hätte dann an der Lösung arbeiten können. Das wäre sozusagen das »Original«-Fish-Bowl, das immer wieder an die aktuelle Situation angepasst werden muss.

Ein Fish-Bowl hat immer mindestens zwei Runden. In unserem Beispiel macht es aber Sinn, die Gruppe eins noch einmal in die Mitte zu holen – mit dem Auftrag, über die Angebote und Lösungsideen zu diskutieren und zu erklären, welche sie annehmen möchte. Außerdem soll auch diese erste Gruppe die Möglichkeit haben zu erläutern, wie sie sich eine Lösung vorstellt und welche Angebote sie selbst machen kann. Auch die zweite Gruppe hat dann noch einmal kurz die Gelegenheit zu erklären, welche Vorschläge sie unterstützt.

Weitere Anwendungsmöglichkeiten in Beratung, Training und Coaching

Das Tool lässt sich in vielen Gruppensituationen anwenden, etwa wenn in einer Gruppe eine Lösung für ein Problem gesucht wird. Es werden zwei Gruppen gebildet: In einer Gruppe befinden sich Teilnehmer, die gerne eine Analyse machen, also einem Problem auf die Spur kommen. In der anderen sind Teilnehmer, die – auf der Problemanalyse aufbauend – gerne eine Lösung entwickeln. Hier reichen dann oft zwei Durchgänge, bis die zwei sich ergänzenden Gruppen noch einmal die Ergebnisse besprechen können.

Einsatzbereich »Kreativität« Angewendet werden kann das Tool etwa auch beim Entwickeln neuer Prozesse und beim Suchen nach kreativen Ideen. Für das jeweilige Thema sind andere Leitfragen des Trainers notwendig. Die Fragen sollten möglichst konkret sein. Pro Runde können mehrere Fragen in die Gruppe gegeben werden. In manchen Fällen (insbesondere bei Konflikten) hat es sich bewährt, wenn der Workshopleiter die Moderation der jeweils aktiven Gruppe übernimmt.

FOCUSING

Ziel

Ziel des Focusing aus der gleichnamigen Therapieform von Eugene Gendlin ist es, innerlich Ordnung zu schaffen. Das Tool
hilft, einem »kleinen Unbehagen« auf die Spur zu kommen, dessen Bedeutung zu erfragen und zu verstehen und damit Ruhe
und Gelassenheit für den Alltag zu gewinnen.

Grundlage:
gleichnamige
Therapieform

Beschreibung

Das Tool Focusing vollzieht sich in folgenden Schritten:
Ablauf des Focusing

- Zunächst einmal muss ein ruhiger Ort gefunden werden,
  an dem sich eine Person gleichermaßen entspannen und
  konzentrieren kann. Das dient dazu, um innerlich Raum zu
  schaffen.
- Dann leiten Sie Ihren Coachee dazu an, in die »Dachkammer
  seines Lebens« aufzusteigen und in Ruhe alle Pakete, Koffer
  und Truhen zu betrachten, die hier gestapelt sind.
- Im nächsten Schritt wird ein »Päckchen ausgewählt« und genauer betrachtet. Der Coachee soll das »Päckchen« nun mit
  einem Namen oder einem Bild verknüpfen, um dem Gefundenen sozusagen einen »Griff« zu geben, an dem er es immer
  wieder herausgreifen kann.
- Ist dieser Griff gefunden, geht es darum, die Bedeutung zu
  erkennen: Was will das Gefundene ausdrücken? Welche Hinweise will es geben?
- Nach der Bedeutungsklärung sollen die neu gefundenen
  Ideen aufgenommen werden, die durch die Bedeutungsklärung hervorgerufen worden sind. Dieser Schritt ist in der
  Regel von einem veränderten Körpergefühl begleitet. Wenn
  sich beispielsweise das gefundene Päckchen mit einem Druck

im Magen verbunden hat, dann müsste nach dem Verstehen dessen, was die Nachricht oder Information dieses Magendrucks für den Coachee bedeutet, auch das Druckgefühl eine Veränderung erfahren. In der Regel wird das Gefühl angenehmer.

	FOCUSING IM ÜBERBLICK
1	**Raum schaffen**
2	**Päckchen auswählen**
3	**Griff finden**
4	**Bedeutung erkennen**
5	**Ideen annehmen**

Anwendung

»Nerviges« ansprechen

Dieses Tool kann im Coaching, im Training und auch im Workshop Anwendung finden. Im Coaching ist es immer dann ein probates Mittel, wenn der Coachee über etwas spricht, was zwar keine schlimmen Auswirkungen hat, das ihn aber einfach nervt, beispielsweise die Meetings, die er häufig für unnütz hält. Hier können Sie den Coachee dazu einladen, einen Focusing-Prozess zu durchschreiten, den Sie anleiten. Sie bitten den Coachee, diesem kleinen Unbehagen einmal nachzuspüren. Die Auswahl in der »Dachkammer des Lebens« bleibt nun außen vor, denn der Coachee hat bereits ein kleines Unbehagen benannt. Sie steigen nun mit ein paar einleitenden und entspannenden Sätzen ein. Dann folgt die Suche nach einem Griff: Welches Wort, welches Bild wäre ein passender Griff für dieses Unbehagen?

Ihr Coachee wählt den Begriff »Konkurrenz« – dies ist der Griff, den er wählt. Die Meetings, an denen er teilnimmt, lösen bei ihm offensichtlich ein Gefühl der Konkurrenz aus. Es folgt die Suche nach der Bedeutung. Was will dieses ungute Gefühl übermitteln? Der Coachee wird dann beispielsweise darüber berichten, dass er das Gefühl hat, zum Thema Konkurrenz in Meetings noch keine Einstellung gefunden zu haben: Soll er in die Diskussionen einsteigen? Soll er sich zurückhalten? Welche Konsequenzen hat seine Entscheidung für seine berufliche Laufbahn? Müsste er nicht eigentlich einsteigen? Auch wenn ihm das nicht liegt?

Dachkammer des Lebens

Oft ist ein Coachee überrascht von den Antworten, die in ihm aufsteigen. Nun muss er überlegen, was die Antwort konkret für ihn bedeutet. Dafür braucht er etwas Zeit. Findet er zufriedenstellende Antworten, wird sich auch das unangenehme körperliche Gefühl auflösen.

Weitere Anwendungsmöglichkeiten in Beratung, Training und Coaching

Dieses »Aufräumen« kann man eigentlich nicht oft genug durchführen. Wenn die »Dachkammer des Lebens« zu voll ist, leiden die innere Ruhe und die Gelassenheit. Mit diesem Gedanken schließt Eugene Gendlin direkt an die gestalttherapeutische Überzeugung an, dass unerledigte Geschäfte den gleichen Effekt haben.

Vor diesem Hintergrund kann diese Übung ein schöner Tagesabschluss im Seminar oder Workshop sein. Einmal eingeführt in die Focusing-Technik, können die Teilnehmer diese Methode auch für sich alleine nutzen – immer wenn sie einen Moment Zeit haben und entspannen: im Auto, im Flugzeug, im Hotel ... Einmal trainiert, klappt das sehr schnell und sorgt für erheblich »aufgeräumtere Persönlichkeiten«. Eugene Gendlin geht davon aus, dass dieser Prozess mit etwas Übung nicht länger als eine Minute

Dachkammer des Lebens aufräumen

dauert und zur Stabilität beiträgt. Empfehlenswert ist das Tool deswegen besonders für Personen, die sehr viel mit anderen Menschen zu tun haben, sodass es sehr schnell passiert, dass etwas ungeklärt bleibt und schlechte Gefühle auslöst, beispielsweise in der Führungsarbeit oder im Verkauf.

TOOL 12 FRAGEN MIT DER DILTS-PYRAMIDE

Ziel

Grundlage:
Neurolinguistisches
Programmieren

Bei dem Tool geht es darum, die richtigen Fragen zu stellen. Wenn Sie Ihre Fragetechnik an der Dilts-Pyramide (nach Robert Dilts) orientieren, erfahren Sie gleichzeitig, auf welcher Ebene ein Problem die höchste Relevanz hat, und können gezielter intervenieren. In vielen Fällen kann der Coach auch den Kern des Problems auf eine andere, effektivere Ebene verschieben und so schneller und einfacher mit dem Coachee zu einer Lösung gelangen.

Beschreibung

Die Dilts-Pyramide ist seit den achtziger Jahren ein fester Bestandteil des Neurolinguistischen Programmierens. Sie zeigt auf, wie die Persönlichkeit eines Menschen in verschiedenen Ebenen aufgebaut ist. Dabei sind die Konzepte stabiler, je weiter Sie sich in der Pyramide nach oben bewegen, und umso flexibler, je weiter Sie nach unten blicken. Veränderungsprozesse verlaufen in der Regel von oben nach unten. Wenn jemand die Auffassung vertritt, dass Führungskräfte grundsätzlich unfair sind (Belief), aber Fairness das Wichtigste am Arbeitsplatz ist (Wert), dann wird es schwierig sein, das konfliktreiche Verhalten zu verändern. In einem Coaching würde man zunächst die Werte und die

Beliefs betrachten. Es gibt auch die Möglichkeit, über viele positive Erfahrungen ein solches Belief zu verändern. Erfahrungsgemäß halten Menschen an ihren Beliefs und Werten fest und interpretieren eher Vorkommnisse und Geschehnisse entsprechend um. Der Coach konzentriert sich dann auf die Arbeit mit den Beliefs *(siehe auch Tool 13)*.

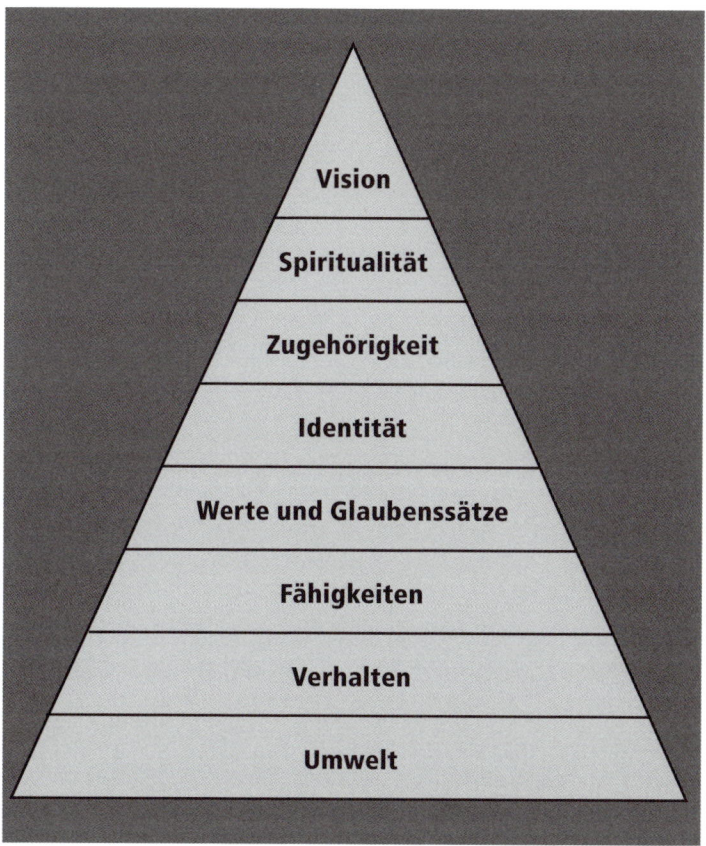

In älteren Versionen des Konzeptes endete die Pyramide mit der Identität, die auf einer Stufe mit der Zugehörigkeit stand. Es sind derzeit sehr viele verschiedene Pyramiden im Umlauf. Ich habe die Version ausgewählt, bei der die Fragen eindeutig zugeordnet werden können, um die es bei diesem Tool geht.

Etage der Pyramide	Frage
Vision/Spiritualität	Wozu? Welchen Sinn ergibt das?
Zugehörigkeit	Wer noch? Zu welcher Gruppe gehöre ich?
Identität	Wer? Mit wem identifiziere ich mich? Wer tut das auch? Wer denkt ähnlich?
Werte und Glaubenssätze	Warum? Warum ist das richtig und wichtig?
Fähigkeiten	Wie? Wie kann das gehen? Wie kann ich das schaffen?
Verhalten	Was? Was genau kann ich tun? Was kann ich anders machen?
Umwelt	Wo? In welchem Kontext?

Anwendung

Wenn beispielsweise in einem Coaching eine Führungskraft beklagt, dass sich ihre Karriere nicht wie erwartet entwickeln konnte, und sich darüber sehr betrübt zeigt, dann kann der Coach folgendermaßen nachfragen: » *Was bedeutet es für Sie, dass es in Ihrer Laufbahn nicht weitergeht? Wer sind Sie dann* (Identität), *wenn alle anderen Führungskräfte an Ihnen vorbeiziehen und nur Sie seit vielen Jahren auf dem gleichen Posten verweilen?* «

Hier wählt der Coach nicht die Handlungsebene: »*Was können Sie tun?*« oder die Fähigkeitenebene: »*Was müssen Sie noch lernen, um sich weiterzuentwickeln?*«. Vielmehr arbeitet er auf der Ebene, die der Coachee zwischen den Zeilen als problematisch beschreibt: »*Wer bin ich, wenn sich meine Karriere nicht wie gewünscht entwickelt?*«

Beispiel aus dem Führungsalltag

Dieses Abholen auf der »richtigen« Ebene hat sich vielfach bewährt. Coachees sind, wenn sie ein Problem auf einer hohen Ebene belastet, nicht in der Lage, über konkrete Lösungsmöglichkeiten nachzudenken. Der Kopf ist dafür nicht frei. Darum ist es so wichtig, die belastenden Gefühle zu besprechen und so den Coachee zu entlasten.

Oft treten an dieser Stelle ganz spontane Reaktionen auf wie: »*Ich bin dann ein Versager!*« Nach dieser Aussage kann der Coach nach den Werten und Glaubenssätzen des Coachees fragen und den Kontext abfragen. Ziel ist es, zunächst die Sichtweise des Coachees zu erweitern. Der Coachee wird sich über seine oft einschränkenden Gedanken bewusst. In manchen Fällen ist es angebracht, diese Einstellungen bis zur Entstehung zurückzuverfolgen. Das ist jedoch nur Coachs mit fundierter psychologischer Ausbildung anzuraten. Dann können Sie versuchen, das Problem von der Identitätsebene eine Ebene tiefer zu verlagern und damit handhabbar zu machen. Einstellungen und Verhalten werden so flexibilisiert.

Sichtweite erweitern

Weitere Anwendungsmöglichkeiten in Beratung, Training und Coaching

Dieses Fragetool ist vielseitig anwendbar. Ein Trainer kann es geplant einsetzen oder dann benutzen, wenn er merkt, dass ein Lernprozess im Training ins Stocken gerät. Er kann zudem von der Ebene der Fähigkeiten und des Verhaltens auf eine höhere Ebene wechseln.

Dieses Tool können Sie beispielsweise auch in einem Verkaufstraining einsetzen. Oft fehlen den Teilnehmern nicht die konkreten Fähigkeiten, zu einem Abschluss zu kommen. Sie wissen genau, wie sie das schaffen können, aber sie hadern mit ihrem Selbstbild als »Klinkenputzer«, »Call-Center-Agent« oder »Verkäufer«. Als Trainer können Sie mehr Erfolge erzielen, wenn Sie an diesem Selbstbild arbeiten und anschließend auf die Fähigkeitenebene gehen, als wenn Sie im Training konsequent im unteren Bereich der Pyramide bleiben. Durch Kleingruppenarbeit mit gezielten Fragen auf der höheren Ebene können Sie häufig einen Knoten lösen und einen offenen Austausch ermöglichen.

TOOL 13 HOT COGNITIONS / BELIEFS

Ziel

Grundlage:
Rational-Emotive
Therapie

Dieses Tool aus der Rational-Emotiven Therapie (RET) von Albert Ellis dient dazu, unbewusste Glaubenssätze bewusst zu machen, um mit ihnen arbeiten zu können.

Beschreibung

Beliefs und
Hot Cognitions

Es geht um die gezielte Suche nach Beliefs, die ungute Gefühle auslösen und damit die Wahlmöglichkeiten des Coachees oder Teilnehmers einschränken. Diese Beliefs nennt Ellis »Hot Cognitions«. Nach Ellis schränken Hot Cognitions die Gefühle und damit die Verhaltensweisen ein. Eine Person ist sich in der Regel nicht darüber bewusst, dass sie mit ihren Gedanken ihre Gefühle steuert. Erst wenn ihr deutlich wird, welche verschiedenen Gedanken sie zu einer bestimmten Situation haben kann, wird ihr auch klar, wie unterschiedlich die dazugehörigen Gefühle aussehen.

In einem Coaching nähern Sie sich Hot Cognitions in drei Schritten:

- A: Im Ersten Schritt geht es um die Situation, die einen Konflikt, ungute Gefühle, Sorgen, Entscheidungsschwierigkeiten oder andere Probleme nach sich zieht. Diese Situation wird möglichst neutral beschrieben (A = äußere **A**ktion).
- C: Im Schritt C beschreibt der Betreffende die emotionalen Konsequenzen (C = **C**onsequences), die diese Aktion in einer Person auslöst. Wie fühlt sich jemand, wenn er mit Situation A konfrontiert wird? Dieses Gefühl wird beschrieben.
- B: Nun bin ich Ihnen eine Erläuterung schuldig. Denn wo bleibt »B«? C folgt nicht direkt auf A, sondern es gibt eine Instanz dazwischen, die Ellis B (B = **B**elief) nennt. Diese Beliefs steuern die Emotionen. Kurz: Man fühlt, was man denkt.

Mit der Diskussion der Hot Cognitions sollen die Coachees und Teilnehmer erfahren, dass dies nicht die einzigen Beliefs sind, die sie zu der auslösenden Situation haben können. Sie erfahren, dass sie durch die Wahl ihrer Gedanken ihre Gefühle steuern können.

Der Ablauf ist:
A ⇨ B ⇨ C

Jede Person hat aufgrund ihrer Vorerfahrungen eine ganze Reihe von Beliefs etabliert. Manche dieser Beliefs können hilfreich sein, um die aktuelle Situation zu bewältigen. Sie können aber auch negative Gefühle auslösen. Wenn das der Fall ist, spricht Ellis nicht mehr neutral von Beliefs, sondern von Hot Cognitions. Diese Hot Cognitions verhindern, dass wir eine Situation aus verschiedenen Perspektiven betrachten und eine Lösung finden können. Die Hot Cognitions rufen spontan negative Emotionen hervor, die zum Problem werden können.

Blockade durch Hot Cognitions

Anwendung

Beispiel
»Verkaufstraining«

Hot Cognitions können in einem Verkaufstraining einen festen Platz haben. Dazu ein Beispiel. Die *äußere Aktion* A ist: Ein Verkaufsteam erzielt zum Jahresabschluss nicht den erwarteten Umsatz. Die Teammitglieder haben nun eine Reihe von Beliefs (B) zur Auswahl, die unterschiedliche Gefühle und damit Handlungen (C) auslösen:

- B1: Wenn wir nicht den erwarteten Umsatz generieren, sind wir schlechte Verkäufer.

- C1: Die Verkäufer empfinden Traurigkeit und zweifeln an ihren eigenen Kompetenzen.

- B2: Wenn wir nicht den erwarteten Umsatz generieren, dann sind unsere Produkte nicht mehr marktfähig.

- C2: Die Verkäufer befällt ein Gefühl der Sinnlosigkeit, sie werden passiv.

- B3: Wenn wir nicht den erwarteten Umsatz generieren, dann müssen wir unsere Strategie ändern.

- C3: Die Verkäufer fühlen eine »Jetzt-erst-recht-Motivation« und suchen aktiv nach neuen Wegen.

Immer Maßnahmen
vereinbaren

Wird den Mitgliedern des Verkaufsteams im Training bewusst, dass sie durch ihre Gedanken ihre Gefühle und Handlungen beeinflussen, dann können sie zukünftig bewusster ihre Gedanken steuern. Im Training ist es sinnvoll, wenn Sie das Konzept mit Beispielen erläutern. Lassen Sie dann einmal alle Gedanken, die im Team kursieren, mit den entsprechenden Gefühlen und Reaktionsweisen zusammenstellen. Dabei sollten alle möglichen Gedanken einen Platz finden. Achten Sie darauf, dass nicht jeder seine persönlichen Gedanken äußern muss, da diese in der Regel privater Natur sind. Werden alle möglichen Gedanken zusammengestellt, dann sind die persönlichen sicher auch dabei. Danach werden diejenigen ausgewählt, die nach Meinung des Teams die meiste Aussicht auf Erfolg haben. Schließlich wird ein Maßnahmenkatalog vereinbart.

Weitere Anwendungsmöglichkeiten in Beratung, Training und Coaching

Dieses Tool findet klassischerweise im Coaching Anwendung. Im geschützten Raum des Coachings sind Hot Cognitions deswegen auf der persönlichen Ebene sehr gut anwendbar. Ausgehend von einer aktuellen Situation, besprechen Sie gemeinsam mit Ihrem Coachee, welche Gefühle bei ihm dazu vorhanden sind. Dann gehen Sie gemeinsam auf die Suche nach den Beliefs, die diese Gefühle auslösen.

Haben Sie das persönliche ABC-Schema für Ihren Coachee gefunden, dann geht es um die Suche nach Alternativen: Welche Gedanken könnte er sich außerdem zur aktuellen Situation machen? Welche Gefühle würden sich diesen alternativen Gedanken anschließen? Allein durch das Bewusstwerden der Alternativen flexibilisiert sich das Verhalten. Aber Sie können auch gezielt mit Ihrem Coachee daran arbeiten, Gedankengänge flexibler zu gestalten, damit er mehr Wahlmöglichkeiten in schwierigen Situationen hat.

Anwendung im Coaching

TOOL 14 IDIOTISCHE RATSCHLÄGE

Ziel

Grundlage:
Provokativer
Gesprächsstil

Mit diesem Tool aus der Provokativen Therapie wird versucht, die Entscheidungs- und Handlungsfähigkeit des Coachees wieder in den Vordergrund zu stellen. Dadurch, dass sich der Coach weigert, auf die Aufforderung, die Problemlösung zu entwickeln, einzugehen, muss der Coachee selbst aktiv werden.

Beschreibung

Verantwortung zurückgeben

Das Tool findet immer dann Anwendung, wenn ein Coachee versucht, die Verantwortung für seine Situation in Ihre Hände zu geben. Nach Frank Farrelly, dem Begründer der Provokativen Therapie, führt eine Übernahme dieser Verantwortung nur dazu, dass die Coachees ihren Widerstand gegen den Coach richten. Löst ein Coach also die Probleme bzw. gibt er dem Coachee ganz klare Anweisungen, wie er in einer bestimmten Situation vorzugehen hat, dann wird der Coachee versuchen, dem Berater zu beweisen, dass seine Vorschläge nicht funktionieren. Um dieser »Beraterfalle« zu entgehen, gibt der Coach nur Idiotische Ratschläge.

Echte und Idiotische Ratschläge

Die Idiotischen Ratschläge müssen tatsächlich außerhalb der anwendbaren Möglichkeiten liegen. Sind die Ratschläge nicht idiotisch genug, hält der Coachee sie möglicherweise für einen echten Ratschlag. Es ist hier wichtig, deutlich zu übertreiben, damit deutlich wird, was Sie beabsichtigen.

Anwendung

Wenn sich eine Führungskraft im Coaching über die Angriffe seiner Kollegen beschwert und den Coach um eine Lösung oder einen guten Ratschlag bittet, dann gibt dieser – nachdem er die Situation ausgelotet hat – Idiotische Ratschläge:

- *»Sie können die Kollegen einmal zu sich einladen, zu einem schicken Candle-Light-Dinner. Etwas Arsen in die Nachspeise, und schon sind Sie die Herrschaften los.«*
- *»Sie könnten eine Liste mit den Missetaten zusammenstellen und Sie an den Vorstand schicken.«*
- *»Sie können im Flur Nylonfäden spannen und filmen, wie die Kollegen reihenweise stürzen. Vielleicht ist sogar der ein oder andere Genickbruch dabei? Das wäre natürlich schade ...«*

Beim Provokativen Gesprächsstil muss die Provokation als solche immer erkannt und darf nicht als ernst zu nehmender Ratschlag aufgenommen werden können. Äußern Sie den Ratschlag mit einem Augenzwinkern oder einem Lächeln, sodass die Absicht des »Sich-Hochnehmens-unter-Freunden« deutlich wird.

Erkennbare Provokation

In der Regel erklären die Coachees bei dem ersten oder zweiten Vorschlag noch, warum das nicht geht. Beim dritten Vorschlag fangen die meisten an zu lachen und verstehen, was Sie beabsichtigen. Fühlen sie sich hochgenommen, dann erklären Sie ihnen ruhig, dass es mehrere Problemlösungen gibt. Aber die beste kennt nur der Coachee selbst. Bieten Sie Hilfe beim Finden dieser Lösung an und erklären Sie, dass die Lösung, die Sie am besten finden, nicht unbedingt die richtige für den Coachee sein muss. Außerdem halten Sie – und nun zwinkern Sie wieder – die Arsenlösung für die beste. Weisen Sie aber ebenfalls mit einem Augenzwinkern darauf hin, dass die Beseitigung der Leichen keine einfache Aufgabe ist und der Coachee sich erst darüber Gedanken machen sollte. Auch gäbe es sicherlich aufgeregte Angehörige zu beruhigen ...

Mit einem Augenzwinkern ...

Stellen Sie dann dem Coachee konkrete Fragen, um den Prozess voranzutreiben *(siehe auch Tool 5, Chunken)*. Mit diesem Tool haben Sie die Verantwortung und die Aktivität zurück an den Coachee gegeben. Sie vermeiden so, dass Ihr Coachee Sie munter

Problemlösungen entwickeln lässt, um Ihre schlauen Ideen alle wieder zu verwerfen.

Weitere Anwendungsmöglichkeiten in Beratung, Training und Coaching

Problemlösung beim Teilnehmer

Wenn es um Workshops geht, dann kann mit dem Provokativen Stil deutlich die Energie auf die Lösungsorientierung gelenkt werden. Hier wird schnell deutlich: Der Moderator löst unser Problem nicht für uns. Das müssen wir schon selbst erledigen. In einer Lehrveranstaltung hingegen wird vom Trainer oder vom Seminarleiter erwartet, dass er neue Lösungen für die Probleme der Teilnehmer zur Verfügung stellt. Hier ist auf Seiten der Teilnehmer ein Umdenken notwendig, wenn sie Ihre Idiotischen Ratschläge als solche verstehen sollen. Sinnvoll ist es daher, sie behutsam einzusetzen.

TOOL 15 IMPLIZITE REGELN

Ziel

Grundlage: Systemische Therapie (Virginia Satir)

Ziel dieses Tools von Virginia Satir ist es, hinter das offizielle Regelwerk zu schauen und so herauszufinden, an welchen impliziten Regeln sich eine einzelne Person oder eine Gruppe orientiert.

Beschreibung

Implizite Regeln wirken, so die Hypothese von Virginia Satir, häufig viel stärker als offizielle Vereinbarungen. Regeln, die sich eine Person unbewusst selbst auferlegt, und Regeln, die in einer Gruppe wirken, sind eine vitale, dynamische und äußerst einflussreiche Kraft.

Regeln bilden Konzepte aus, an denen sich das Handeln orientiert.

Implizite Regeln wirken in Teams so stark, weil die meisten Menschen davon ausgehen, jeder andere wisse, was sie selbst wissen. Jeder glaubt, der Teamkollege teile die Auffassung, welche Arbeitsprozesse festgelegt sind, welche Standards eingehalten werden, wie die Zusammenarbeit geregelt ist, was im Team erlaubt ist und wie mit besonderen Situationen umgegangen werden soll, und vieles mehr. Das ist aber häufig ein Irrtum. Legt man gemeinsam einmal die Regeln auf den Tisch, dann gibt es oft viele Überraschungen.

Mit diesem Tool werden im ersten Schritt die bestehenden impliziten Regeln identifiziert. Es geht darum, scheinbare »Selbstverständlichkeiten« offenzulegen. In einem zweiten Schritt werden die Regeln auf ihre Tauglichkeit hin überprüft: **Selbstverständlichkeiten offenlegen**

- Welche Regeln fördern die Kooperation und die Leistungsbereitschaft im Team?
- Welche wirken eher hemmend?

Dieser Regelüberprüfungsprozess kann etwa alle zwei Jahre wiederholt werden. Da sich die äußeren Gegebenheiten so schnell ändern, ist es durchaus bedeutsam, immer wieder mit veränderten internen Regeln auf die neuen Erfordernisse zu reagieren.

Anwendung

Eine Regelüberprüfung kann in einer Teamentwicklungsmaßnahme oder in einem Teamcoaching einen wichtigen Stellenwert haben. Im ersten Schritt sollten die Regeln, die jeder für wichtig und richtig hält, formuliert werden. Wichtig ist, dass besonders die Regeln festgehalten werden, von denen die Einzelnen annehmen, dass sie bekannt sind und sich jeder daran hält.

Um das zu erreichen, setzt sich das Team zusammen und schreibt alle Regeln auf, die den Teammitgliedern einfallen. Es kann auch mit einer Einzelarbeit begonnen werden. Im Anschluss werden dann die Ergebnisse zusammengetragen. Das kann etwa an einer Pinnwand geschehen.

Oft ist es hilfreich, wenn Sie ein paar Beispiele vorgeben, damit die Teilnehmer verstehen, was mit impliziten Regeln gemeint ist, zum Beispiel:

- *»Meetings dienen der Kommunikation und der Entspannung.«*
- *»Derjenige, der ein Projekt leitet, sollte auch das größte Engagement zeigen.«*
- *»Wenn einem Teammitglied etwas nicht passt, dann macht er es besser mit sich selbst aus. Konflikte gehören nicht zu unserer Teamkultur.«*

Da diese Aufgabe neu ist, braucht es hierzu etwas Zeit. Oft notiert erst einmal jeder selbst etwas für sich – und dann entstehen kleinere Gesprächsgruppen. Ist das Regelwerk zusammengestellt, dann sollte jeder Teilnehmer etwas Zeit erhalten, um alles in Ruhe durchzulesen und Fragen zu stellen. Es ist wichtig, dass jeder versteht, was sich hinter den einzelnen Regeln verbirgt. Dazu können die Regeln mit Absender auf Pinnwänden visualisiert werden. Die Teilnehmer spazieren an den Wänden vorbei und sprechen die Absender direkt an und fragen nach, wenn sie etwas nicht verstehen.

Dann folgt die Phase des Sortierens. Wieder in kleinen Gruppen diskutieren die Teilnehmer ein paar Regeln. Sie überprüfen, welche Regeln für das Team passen. Sie markieren die Regeln, die ihrer Meinung nach die Kooperation und die Leistungsfähigkeit im Team unterstützen. Umgekehrt sortieren sie die Regeln aus, die ihrer Meinung nach die Zusammenarbeit nicht unterstützen. Sie stellen diese im Anschluss zur Diskussion.

Im letzten Arbeitsschritt werden neue Regeln formuliert, die die Zusammenarbeit unterstützen können. Die Teilnehmer entwerfen ergänzende Regeln, die sie hilfreich finden. Auch diese werden dann in der großen Gruppe diskutiert und vereinbart.

Weitere Anwendungsmöglichkeiten in Beratung, Training und Coaching

Ein Regelcheck kann auch in einem Coaching für eine Person in Bezug auf ihren Arbeitsplatz oder gar ihr Leben durchgeführt werden. Als Coach sind Sie Ihrem Coachee dabei behilflich, die Regeln zu identifizieren, die in seinem Alltag wirken. Dabei können Sie sich an folgenden Fragen orientieren:

Regelcheck im Coaching

- Wie lauten Ihre Regeln?
- Welchen Zweck erfüllen sie im Augenblick für Sie?
- Welche Veränderungen erkennen Sie nun als notwendig?
- Welche Ihrer derzeitigen Regeln sind noch sinnvoll?
- Welche möchten Sie aufgeben?
- Welche neuen Regeln möchten Sie aufstellen?
- Was denken Sie über Ihre Regeln?

Achten Sie darauf, dass die Regeln so formuliert sind, dass der Coachee mit ihnen sein Leben etwas leichter bewältigen kann. Dazu ist es notwendig, dass die Regeln offen, zeitgemäß und menschlich sind.

TOOL 16 IN DEN BUSCH SCHIESSEN

Ziel

Grundlage:
Provokativer
Gesprächsstil

Dieses Tool aus dem Provokativen Gesprächsstil (nach Frank Farrelly und Eleonore Höfner) verfolgt das Ziel, ein direktes, ungeprüftes Feedback zu formulieren. Mit dem Schießen in den Busch erfährt der Gesprächspartner, wie er auf jemanden wirkt. Das kann den ersten Eindruck betreffen oder auch die Zusammenarbeit.

Beschreibung

Mit diesem Tool »schießt« der Berater oder Coach im wahrsten Sinne des Wortes »in den Busch«. Das bedeutet, er formuliert unüberprüfte Unterstellungen und wartet, wie sein Gegenüber reagiert. Das kann auch gleich zu Beginn eines Kontaktes geschehen. Frank Farrelly hat in dieser Hinsicht kein Blatt vor den Mund genommen. Er hat alles genutzt, was ein Klient ihm angeboten hat, und hat daraufhin Unterstellungen formuliert. Ihr Klient muss dann reagieren, und so sind Sie schon mitten im Prozess.

Unüberprüfte
Unterstellungen

Nach Farrelly kann ein Coaching nicht dazu dienen, Nettigkeiten auszutauschen: Der Coachee übt eine bestimmte Wirkung aus, und wenn der Coach kein Blatt vor den Mund nimmt, sondern direkt sagt, wie er den Coachee erlebt, dann schafft das eine Verbindung, denn der Coachee erfährt: *»Hier meint es jemand ehrlich mit mir. Hier wird nicht nur höflich um den heißen Brei herumgeredet.«* Und genau das sei es, wonach Menschen suchten. In einem Unternehmen finden Sie keinen ehrlichen Feedbackgeber – weder unter Kollegen noch unter Vorgesetzten. Auch die Mitarbeiter werden in der Regel nur gefilterte Informationen weitergeben.

Die Formulierung der Unterstellung darf schon etwas »frech« sein, wichtig ist aber, sie mit einem Lächeln und einer freundlich zugewandten Art zu paaren. Die Unterstellung muss sich direkt auf die Wahrnehmung beziehen, die Sie als Coach haben.

Anwendung

In einem Seminar können Sie als Trainer das »In-den-Busch-Schießen« als Kennenlernaufgabe formulieren. So müssen Sie nicht selbst aktiv werden. Jeder der Teilnehmer sucht sich eine andere Person aus, die er noch nicht kennt, und formuliert einige vom ersten Eindruck abhängige Hypothesen. Diese Hypothesen können folgende Themen betreffen:

- Branche
- Aufgabe
- Arbeitsgebiete
- Ausbildung
- Familienstand, Kinder
- bevorzugte(s) Wohnung / Haus
- bevorzugtes Urlaubsziel
- bevorzugte Automarke
- Sinn des Lebens
- Hobbys

Derjenige, der dem Gesprächspartner zuhört – auf den also »geschossen« wird –, hört geduldig zu und notiert, ob die Hypothesen des Gegenübers ein Treffer sind oder nicht. Dann werden die Rollen getauscht. Im Anschluss findet ein Austausch über die Treffer und Nichttreffer statt.

Aber bitte mit Humor

Dieses Einstiegsspiel hat zum einen einen sehr humorvollen Charakter, zum anderen aber hält es demjenigen, über den Hypothesen gebildet werden, einen Spiegel vor. Und das ist etwas, was Führungskräfte im Arbeitsalltag sehr vermissen. Die meisten Personen sind erstaunt darüber, wie viel der andere von ihnen wahrnimmt, ohne sie zu kennen und ohne dass man sich einmal ausführlicher unterhalten hätte. Mit dem Tool erzeugen Sie zudem eine offene und humorvolle Atmosphäre im Seminar oder im Training. Und jede Person erhält schon zu Beginn ein interessantes Feedback.

Weitere Anwendungsmöglichkeiten in Beratung, Training und Coaching

Unterstellungen im Coaching

Dieses Tool können Sie auch im Coaching anwenden. Sie können beispielsweise Hypothesen über Ihren Coachee bilden und sie ihm mitteilen. Sie können dafür Äußerlichkeiten nutzen, aber auch die Art und Weise, wie der Vertrag zustande gekommen ist. Wenn der Coachee etwa lange gezögert hat, bis er sich für Sie als Coach entschieden hat, können Sie genau diese mangelnde Entscheidungsfreude formulieren, um so sein Führungsverhalten zu thematisieren. Sie sind dann gleich mittendrin im Thema. Aber bedenken Sie: Solch ein konfrontativer Einstieg gelingt nur, wenn Sie eine sehr positive Haltung zu Ihrem Coachee haben. Haben Sie wirklich eine schlechte Meinung über ihn, sollten Sie besser andere Tools nutzen. Das Tool eignet sich für Sie nur dann, wenn Sie an die Flexibilität Ihres Coachees und seine Fähigkeit zur Veränderung glauben.

JETZT-FILTER

Ziel

Mit diesem Tool aus dem NLP erreichen Sie, dass Ihr Coachee oder Seminarteilnehmer eine schwierige Situation nicht mehr als unüberwindbares Hemmnis erlebt, sondern erkennt, dass es sich um eine momentan schwierige Situation handelt, die sich wieder verändern wird.

Grundlage: Neuro-linguistisches Programmieren

Beschreibung

Das Tool »Jetzt-Filter« kann bei jeder Äußerung des Gegenübers benutzt werden, die darauf hinweist, dass der andere die geschilderte Situation als unüberwindbar empfindet. Das Gefühl, dass sich die Dinge nie verändern werden, wird hier überwunden. Mit kurzen Sätzen holen Sie die gesamte Lebensperspektive wieder in den Fokus und ermöglichen es so Ihrem Klienten, auf die Gesamtheit einer Situation zu schauen und die angesprochene Schwierigkeit als eine zeitlich begrenzte Aufgabe in seinem Leben zu betrachten.

Wenn Menschen in schwierigen Situationen stecken, dann neigen sie dazu, diese auf ihr gesamtes berufliches oder privates Leben zu übertragen. Sie verlieren die Fähigkeit, die aktuelle Situation als eine zeitlich befristete Phase zu betrachten, die auch wieder vorübergehen wird. Mit diesem Tool gelingt es ihnen, das »Zoom«, das sich die Menschen vor ihre Augen gesetzt haben, durch ein »Weitwinkelobjektiv« zu ersetzen und so andere Perspektiven wieder einzuführen.

Andere Perspektive aufbauen

Anwendung

Dieses Tool kann besonders häufig im Coaching angewendet werden. Die meisten Problembeschreibungen von Coachees lassen die zeitliche Begrenzung des aktuellen Problems außer Acht. Sie übertragen ihren momentanen Gefühlszustand auf den Rest ihrer beruflichen Laufbahn und generalisieren ihn. Dabei entstehen folgende Problembeschreibungen: »*Nun habe ich ein Rhetorik-Seminar besucht und auch schon fünf oder sechs Reden gehalten. Ich bin aber immer noch unsicher und muss mich minutiös vorbereiten. Ich werde wohl immer ein schlechter Redner bleiben.*« Oder: »*Ich weiß auch nicht, was ich machen soll. Egal, wie ich mich meinen Mitarbeitern gegenüber verhalte, sie tun nie das, was ich möchte. Ich glaube, ich bin einfach nicht zur Führungskraft geboren.*«

Beispiel für Jetzt-Filter Führen Sie nun den Jetzt-Filter ein, verweisen Sie darauf, dass die Dinge auch einmal wieder ganz anders sein könnten. Im ersten Fall könnten Sie formulieren: »*Ja, das ist die Lernphase. Da gibt es manchen Rückschlag. Hinterher, als Profi, freut man sich dann wieder über ein Gefühl von Unsicherheit, weil Sie dann wissen, dass Sie immer noch mit Leib und Seele dabei sind.*«

Im zweiten Fall wäre folgende Antwort eine Möglichkeit, den beschriebenen Zustand wieder ins Fließen zu bringen: »*Also fehlt Ihnen bisher die Erfahrung, wie Sie kommunizieren müssen, damit Ihnen die Führung Ihres Teams gelingt? Möchten Sie hier weiterarbeiten?*«

> **So kurz diese kleinen Einwände sind, so oft können Sie feststellen, dass der Coachee zunächst einmal schweigt. Er nimmt die Anregung ihrer Worte auf und muss erst einmal darüber nachdenken. Geben Sie dem Gegenüber diese Zeit und warten Sie, bis er sich reorientiert. Dann können Sie mit der Bearbeitung des Problems beginnen.**

In manchen Fällen fragen die Coachees auch zurück: »*Sie meinen also, ich kann das lernen / das geht vorbei / das ändert sich?*«

Wenn Ihr Coachee so fragt, dann haben Sie die Chance, über das Jetzt zu sprechen und es mit einem Vorher- und Nachher-Zustand zu vergleichen. Das »Weitwinkelobjektiv« ist aufgesetzt und lässt wieder neue Möglichkeiten zu.

Weitere Anwendungsmöglichkeiten in Beratung, Training und Coaching

Ähnlich wie im Coaching kann das Tool in der Beratung und im Training angewendet werden, und zwar in der Beratung analog zur Coaching-Situation. Im Training kann der Trainer mit dem Jetzt-Filter oft Situationen schonend beenden, in denen sich die Teilnehmer beklagen. Manche Seminargruppe hat das Bedürfnis, sich in dem geschützten Rahmen eines Seminars ausführlich über die »Zustände« in ihrem Unternehmen zu beklagen. Diese Klagehaltung kann mit dem Jetzt-Filter unterbrochen und in konstruktive Bahnen gelenkt werden. Zu diesem Zweck können Sie Kleingruppen bilden: Eine Gruppe erhält den Auftrag, die jetzige Situation zu beschreiben, eine andere beschreibt die Situation davor: *» Was war früher anders / besser? «* Und die dritte Gruppe fantasiert in die Zukunft: *» Wie wird die Situation sein, wenn wir diese Krise überwunden haben? Was wird dann wie funktionieren? «*

Jetzt-Filter im Training

TOOL 18   KOMPLIMENTE

Ziel

Das Ziel von Komplimenten ist es (nach Steve de Shazers Lösungsorientiertem Ansatz), die Anstrengungen zu würdigen, die ein Coachee oder Trainingsteilnehmer bereits unternommen hat, um die problematischen Situationen zu lösen. Mit Kompli-

Grundlage: Systemische Therapie, Lösungsorientierter Ansatz

menten richtet ein Berater außerdem den Blick auf Dinge, die funktionieren, und löst so die problemorientierte Haltung des Ratsuchenden konstruktiv auf.

Beschreibung

Das Tool »Komplimente« kann in einer Beratung oder einem Coaching immer wieder Anwendung finden. Der Berater fokussiert seinen Blick auf die Dinge, die funktionieren, und benutzt in seinen Formulierungen die Schlüsselbegriffe des Gegenübers. So werden die eigenen Worte des Klienten in der Problembeschreibung aufgenommen und in das Kompliment eingebaut. Für negative Eigenschaften, die der Ratsuchende über sich selbst formuliert, können positive Begriffe in einem anderen Bezugsrahmen gefunden und dem Klienten zurückgegeben werden.

Komplimente und Würdigungen

Auch wenn für das Kompliment keine Umdeutung vorgenommen wird oder werden kann, werden die Anstrengungen, die Bemühungen und die Überlegungen gewürdigt. Das Tool wirkt sofort, da der Coachee oder Ratsuchende eher eine Kritik oder einen Verbesserungsvorschlag erwartet. Eine Würdigung oder gar ein Kompliment in einer schwierigen Situation erwartet er zunächst nicht. Mit diesem Tool nutzt Steve de Shazer das Phänomen, dass unerwartete Antworten häufig Veränderungen in Gang setzen.

Mit dieser veränderten Blickrichtung auf das eigene Verhalten und die eigenen Fähigkeiten hat in der Regel die Problemlösung bereits eingesetzt. Das Tool vermittelt dem Coachee Wertigkeit, Selbstvertrauen und eine konstruktive Einstellung zum Problem *(es steht auch im Zusammenhang mit dem Reframing aus Konstruktivismus und dem NLP, siehe Tool 28).*

Kompliment ernst meinen

Eine Voraussetzung für die Arbeit mit Komplimenten ist, dass der Berater das Kompliment ernst meint. Hier besteht die Verbindung zu den drei Säulen *(Tool 8)*. Ein unechtes Kompliment schädigt das vertrauensvolle Verhältnis.

Anwendung

Besonders in der Beratung und im Coaching formulieren die Ratsuchenden immer wieder negative Eigenschaften, die sie gerne verändern möchten. Bevor nun die Veränderungsarbeit beginnt, ist es hilfreich, diese negative Betrachtungsweise des eigenen Seins oder Tuns zu lockern. Dafür ist es hilfreich, das beklagte Verhalten in einem anderen Bezugsrahmen positiv umzudeuten und daraufhin ein Kompliment zu formulieren.

Vertritt eine Führungskraft etwa die Auffassung, sie sei viel zu kontaktscheu, leiste zwar gute Arbeit, aber müsse deutlich mehr »Wind um die eigenen Leistungen im Unternehmen machen und zu jedem einen guten Draht haben«, kann der Berater antworten: *»Menschen, die leise ihre Arbeit tun, sind oft deutlich effektiver als die Schreihälse, die ihre Energie ins Schreien stecken und nicht ins Arbeiten. Und sicherlich ist es auch wichtig, zu überlegen, mit wem man in Beziehung treten möchte und mit wem man besser nur oberflächlich Kontakt hat. Das ist klug. Denn je mehr andere von Ihnen wissen, umso mehr können sie gegen Sie verwenden.«*

Beispiel aus dem Führungsalltag

Es steht hier außer Frage, dass das Anliegen des Coachees ernst genommen wird. Er möchte lernen, »mehr Wind« um seine Leistungen zu machen, und das hat sicherlich auch seine Berechtigung. Das Kompliment soll ihm verdeutlichen, dass auch seine bisherige Vorgehensweise ihre Berechtigung hat und ihn sicher bei manchen Personen hat punkten lassen. Sein bisheriger Stil hat ihn auch vorangebracht. In einem zweiten Schritt – aufbauend auf dieses Tool – wird dann überlegt, wie weit er in die andere Richtung gehen möchte und was er dazu konkret tun muss.

Diese Überlegungen zur Veränderung fallen in der Regel nicht so extrem aus, wenn auch der gegenwärtige Zustand gewürdigt werden kann. Die Führungskraft hier wird dann eher überlegen, wie sie eine interne Werbung in eigener Sache gestalten kann, ohne sich innerlich zu verbiegen. Im ersten Ansatz besteht oft der Wunsch nach einer sehr starken Veränderung. Dieser Wunsch relativiert sich oft nach dem Einsatz dieses Tools.

Weitere Anwendungsmöglichkeiten in Beratung, Training und Coaching

Auch im Training gibt es immer wieder die Gelegenheit, den Teilnehmern Komplimente zu machen: *»Sie haben schon eine Menge ausprobiert. Aber das Ergebnis hat Sie nicht überzeugt. Das heißt, dass Sie sehr flexibel mit verschiedenen Methoden umgehen können und außerdem nicht gleich aufgeben, wenn etwas nicht gelingt. Flexibilität und Frustrationstoleranz gehören zu den Basisfähigkeiten von Führungskräften und sind Voraussetzung für eine erfolgreiche Problemlösung.«*

Und bei kritischen Fragen nutzen Sie das Kompliment, um einem aggressiven Seminarteilnehmer den Wind aus den Segeln zu nehmen und ihn zu beruhigen.

TOOL 19 KUNDE, BESUCHER, KLAGENDER

Ziel

Mit dem Tool »Kunde, Besucher, Klagender« aus dem Lösungsorientierten Ansatz nach Steve de Shazer können Sie erkennen, mit welchem Anliegen der Coachee oder die Teilnehmer vor Ihnen sitzen. Nicht alle Teilnehmer an einer Maßnahme kommen mit dem Wunsch zur Veränderung. Viele möchten einfach nur zuhören, Informationen sammeln oder Anregungen mitnehmen, die sie im Alltag umsetzen können.

Beschreibung

Das Tool »Kunde, Besucher, Klagender« steht am Anfang eines Coachings oder Trainings und dient der Diagnose. Je nachdem, ob ein Teilnehmer als Kunde, Besucher oder Klagender auftritt, können im Nachgang andere Tools zum Einsatz kommen. Da das Geschehen in einer Beratung oder in einem Training immer von zwei Seiten gesteuert wird – von demjenigen, der eine Qualifizierung anbietet, und von dem Teilnehmer –, gestalten auch beide Seiten aktiv die Beziehung. Die Form der Beziehung ist relevant, um ergebnisreich miteinander arbeiten zu können. Kommt ein Coachee als Besucher, wird aber als Kunde behandelt, gerät der Coaching-Prozess zwangsläufig ins Stocken. Was aber zeichnet die drei Rollen aus?

Drei Rollen

KUNDE, BESUCHER, KLAGENDER

Der Kunde:

Eine Person, die als Kunde in die Beratung, das Training oder das Coaching kommt, bringt in der Regel ein konkretes Ziel, wichtige Fragen oder einen Veränderungswunsch mit. Da freut sich der Berater, denn mit echten Kunden fällt die Arbeit nicht schwer. Kunden vertreten durchaus die Auffassung, dass sie selbst einen hohen Anteil an der Aufrechterhaltung des Problems haben. Hier können alle beschriebenen Interventionen angewendet werden und die Arbeitsbeziehung wird im Verlaufe der Beratung stabilisiert. Ergebnisse lassen nicht auf sich warten.

Der Besucher:

Anders ist es, wenn ein Besucher kommt. Besonders im Coaching ist es hier üblich (im Training kann sich ein Besucher besser verstecken), dass kein Ziel oder kein Veränderungswunsch gefunden werden kann. Üblicherweise sind Klienten mit der Haltung »Besucher« in ein Training oder Coaching geschickt worden, also nicht aus eigenem Antrieb da. Die Eigenmotivation fehlt. Ihr Ziel ist es nicht, eine Situation zu verändern, sondern eher, mit möglichst wenig Ärger und Konfrontation durchzukommen. Die Coachees sind in der Regel der Auffassung, dass sie keine Fragen haben, alles prima läuft und sie sich einfach einmal ansehen möchten, wie ein Coaching so funktioniert. *»Ich will einmal einen normal strukturierten Coaching-Prozess durchlaufen, bei einem richtigen Profi, wie Sie es sind.«* Das ist eine typische Eingangsformulierung von Besuchern.

Der Klagende:

Sitzt im Coaching ein Klagender vor dem Coach, dann ist das Ziel zwar schnell identifiziert, aber der Klient kann sich nicht vorstellen, einen Schritt in Richtung Lösung zu unternehmen. Klienten dieses Typs sehen sich nicht als Teil des Problems. Sie machen äußere Umstände oder das Verhalten anderer Personen für die Entstehung ihres Problems verantwortlich. Dementsprechend sehen sie sich selbst auch nicht in der Lage und in der Verantwortung, das Problem zu lösen. Sie wollen immer nur, dass sich die Umstände oder »die anderen« verändern.

Anwendung

Stellen Sie fest, dass Ihr Coachee als Kunde kommt und ein tatsächliches Anliegen mitbringt, dann können Sie direkt mit dem Coaching-Prozess starten und den Coachee bei seiner Lösungs- und Veränderungsarbeit unterstützen.

Haben Sie das Gefühl, dass hier eher ein Besucher vor Ihnen sitzt, haben sich folgende Fragen bewährt, um einen Zielhorizont zu identifizieren:

Beispiel aus einem Coaching

- Wie kommt es, dass Sie sich für ein Coaching interessieren?
- Welche Informationen haben Sie über das Coaching erhalten?
- Welche Erwartungen haben Sie an mich?
- Welche Befürchtungen haben Sie?
- Wenn es ein mögliches Ziel für Sie gäbe, das wir hier bearbeiten könnten, welches könnte das sein?

Sollte es nicht möglich sein, einen Zielhorizont zu identifizieren – und damit den Besucher in einen Kunden umzuwandeln –, sollten Sie sich darauf beschränken, das Tool »Komplimente« zu nutzen: »*Das freut mich ehrlich, dass es bei Ihnen so gut läuft. Das ist außergewöhnlich. Da kann ich vielleicht noch etwas von Ihnen lernen, um andere Führungskräfte zu unterstützen! Vielleicht mögen Sie etwas über Ihren erfolgreichen Weg berichten?*« Sollten die Komplimente den Prozess nicht voranbringen und auch kein Ziel gefunden werden können, dann ist es besser, nach ein bis zwei Sitzungen zu unterbrechen und in Bereitschaft zu bleiben. Sie formulieren freundlich, dass Sie im Moment keinen Ansatzpunkt für ein Coaching sehen, geben dem Coachee ein paar Komplimente mit auf den Weg und versichern ihm, dass er das Coaching jederzeit wieder aufnehmen kann – sollte sich eine schwierige Situation entwickeln. Die Steuerung wird so in die Hand des Coachees zurückgegeben.

Ein Klagender wird sich Ihnen gegenüber eher so äußern: »*Ich meine, wenn das Unternehmen nicht so auf Sparkurs wäre und sich mein Chef etwas flexibler zeigen würde, dann könnte man eine Menge machen. Verstehen Sie mich bitte richtig: Mir sind die Hände gebunden.*« Typisch für diese Haltung ist es, die Verantwortung für das Tun am Arbeitsplatz anderen Menschen zu-

zuweisen. Damit verbunden ist auch, dass die Verantwortung für den Coachingerfolg allein in die Hände des Coachs gelegt wird.

Grenzen Sie sich ab und geben Sie die Verantwortung für den inhaltlichen Erfolg zurück an den Coachee.

Versuchen Sie zudem, den Coachee zum Handeln zu animieren. Gelingt das nicht, beschränkt sich Ihre Intervention auch hier auf die Komplimente. Mit einem humorvollen Ansatz können Sie Lösungen für den Fall entwickeln, dass sich der Coachee nicht verändern will.

Weitere Anwendungsmöglichkeiten in Beratung, Training und Coaching

Einsatzmöglichkeit im Training

Auch im Training ist es interessant herauszufinden, wie viele echte Kunden, wie viele Besucher und wie viele Klagende in der Gruppe sitzen. Manchmal können die Klagenden die Überhand gewinnen und den Kunden den Spaß an der Arbeit nehmen. Das wäre schade. Sind die entsprechenden Personen identifiziert, können Sie ihnen verschiedene Aufgaben zuweisen. Achten Sie darauf, dass beispielsweise eine konstruktive Arbeit, bei der neue Ideen geboren werden sollen, nicht überwiegend von Klagenden bewältigt werden soll. Die zentralen Themen sollten mit Kunden und eventuell mit Besuchern besetzt werden. Randthemen hingegen können Sie ruhig an Klagende vergeben.

TOOL 20   LEERER STUHL

Ziel

Ziel bei der Arbeit mit dem Leeren Stuhl aus der Gestalttherapie ist es, die Situation, über die ein Coachee berichtet, in die Gegenwart zu holen. Mit der konkreten Arbeit im Hier und Jetzt sollen die Kommunikationsmöglichkeiten gegenüber einer Person erweitert werden.

Grundlage: Gestalttherapie

Beschreibung

Die Gestalttherapie ist für ihr »Hier-und-Jetzt-Prinzip« bekannt. Es wird versucht, die Dinge in der Gegenwart erfahrbar zu machen und nicht einfach nur über eine Situation berichten zu lassen. Dafür wird in einer Art Rollenspiel die Situation in den Beratungsraum geholt. Der Coach oder Trainer kann so die Wortwahl, den Tonfall und die Körpersprache des Coachees oder Teilnehmers beobachten und mit ihm daran arbeiten. Das geschieht direkter und einfacher als beim Erzählen über eine Situation.

Der Leere Stuhl wird neben oder gegenüber dem Stuhl des Coachees hingestellt, mit der Bitte, die Person, mit der der besprochene Konflikt besteht, gedanklich auf diesen Stuhl »zu setzen«. Mit dieser Person nimmt der Coachee Kontakt auf, und er formuliert sein Anliegen. Dann überlegt er, wie der andere auf seine Worte reagieren würde. Der Coachee kann so wie in einem Rollenspiel ausprobieren, welche Haltung, welche Wortwahl und welche Körpersprache sein Anliegen am besten wiedergibt und eine Reaktion hervorrufen, mit der er umgehen kann. Der Coachee probiert so viele verschiedene Möglichkeiten aus, bis er zufrieden ist.

Arbeit im »Hier und Jetzt«

Diese Art Probehandeln ist auch in der Kognitiven Verhaltenstherapie üblich. In der Gestalttherapie beschränkt sich die Arbeit

Probehandeln

aber nicht nur auf das Handeln, sondern es wird auch immer besprochen, wie sich der Coachee dabei fühlt, warum ihn eine Reaktion ärgerlich macht und vieles mehr.

Die Arbeit mit dem Leeren Stuhl sollte vom Coach professionell begleitet werden, da erfahrungsgemäß oft konfliktreiche Themen hervorgeholt und bearbeitet werden. In vielen Fällen gelingt es, bei dieser oft sehr intensiven Arbeit sehr gute Lösungen zu entwickeln, die der Coachee dann direkt erproben kann. In der folgenden Stunde sollten Sie nicht versäumen zu erfragen, wie sich die schwierige Situation entwickelt hat.

Anwendung

Beklagt beispielsweise ein Coachee im Coaching, dass seine Mitarbeiter ihm nicht zuhören, können verschiedene Methoden weiterhelfen. Eine Methode ist die Arbeit mit dem Leeren Stuhl. Dabei bitten Sie den Coachee, einen der Mitarbeiter, von denen er das Gefühl hat, dass er besonders wenig oder gar nicht zuhört, auf diesen Stuhl zu setzen. Dann überlegt der Coachee, was er ihm sagen möchte. Er spricht zunächst ins »Unreine«: *»Kommen Sie doch endlich zu Meetings pünktlich.«*

Beispiel aus einem Coaching An dieser Stelle ist es wichtig, dass der Coach genau nachfragt: *»Was genau möchten Sie vermitteln?«* Der Coach verstärkt hier die Botschaft, um zu verdeutlichen, was der Coachee eigentlich sagen wollte. Diese Verstärkung durch Übertreibung spiegelt eines der wesentlichen Anliegen der Gestalttherapie: Das Implizite soll explizit gemacht werden. Was sich im Inneren abspielt, soll nach außen hin sichtbar gemacht werden.

Jetzt formuliert der Coachee vielleicht seinen Ärger über die empfundene Ignoranz des Mitarbeiters. Dieser Ärger schwingt in dem oben formulierten Satz mit. Und wahrscheinlich ist es auch der Ärger, auf den der Mitarbeiter in erster Linie reagiert.

Würde er seinem Ärger folgen, müsste er formulieren: »*Hören Sie endlich auf, mich zu ignorieren!*«

Nachdem geklärt ist, woher dieser Ärger kommt und warum es für die Führungskraft wichtig ist, wahrgenommen und respektiert zu werden, kann sie ihren Ärger aufs Neue und deutlicher formulieren.

Diese Schleife des Nachfragens, Übertreibens und Konkretisierens wird so lange wiederholt, bis es eine Äußerung gibt, die dem Anliegen und der Beziehung gerecht wird. Der Coachee lernt so, seinen Ärger zunächst mit sich zu klären und das Anliegen an sein Gegenüber so zu formulieren, dass dieser damit umgehen kann.

Weitere Anwendungsmöglichkeiten in Beratung, Training und Coaching

Der Leere Stuhl kann auch in Seminaren und Trainings Anwendung finden. Je nachdem wird hier der Verhandlungspartner, der Konfliktpartner, der Gesprächspartner oder der Kunde auf den Leeren Stuhl gesetzt, und es wird geübt, Formulierungen zu finden, die die sachliche Ebene und die Beziehungsebene berücksichtigen. In dieser Form gibt es eine Überschneidung mit dem Tool Rollenspiele *(siehe Tool Nr. 31)*.

TOOL 21 META-MODELL

Ziel

Grundlage: Neuro-
linguistisches
Programmieren

Mit der Fragetechnik aus dem Meta-Modell (NLP) soll erreicht werden, dass dem Klienten alle Informationen, die er nicht in Worte fasst, bewusst werden. Durch diese konsequente Erweiterung der Wahrnehmung sollen neue Verhaltensmöglichkeiten entwickelt werden.

Beschreibung

Mit dem Meta-Modell werden die Aspekte einer Aussage konsequent erforscht, die auf dem Weg vom Gedanken und Gefühl zur Versprachlichung verloren gegangen sind.

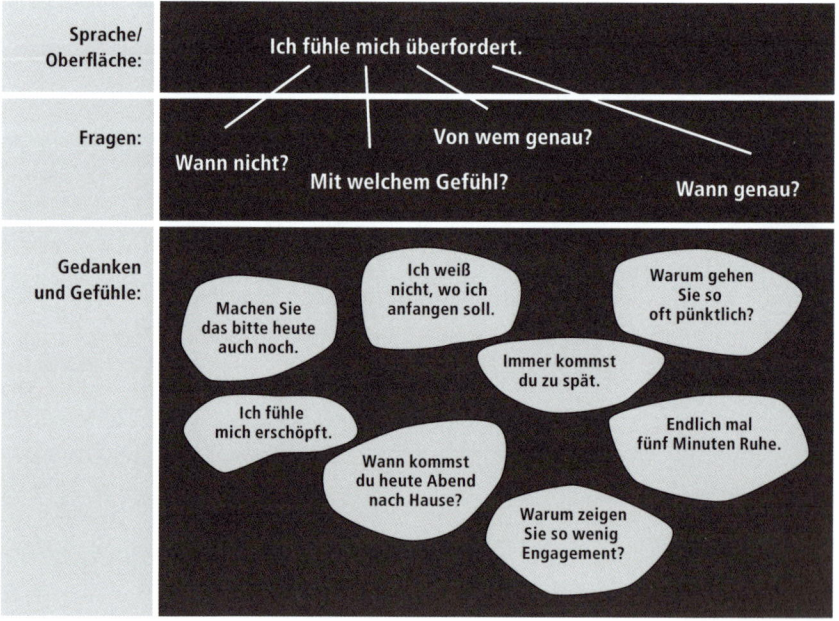

Sprache/Oberfläche: Ich fühle mich überfordert.

Fragen: Wann nicht? Mit welchem Gefühl? Von wem genau? Wann genau?

Gedanken und Gefühle: Machen Sie das bitte heute auch noch. / Ich weiß nicht, wo ich anfangen soll. / Warum gehen Sie so oft pünktlich? / Immer kommst du zu spät. / Ich fühle mich erschöpft. / Endlich mal fünf Minuten Ruhe. / Wann kommst du heute Abend nach Hause? / Warum zeigen Sie so wenig Engagement?

Durch das Nachfragen wird versucht, die in der Tiefe versun-
kenen Gedanken und Gefühle an die Oberfläche zu transportieren. Laut Modell zeigen folgende drei Mechanismen an, dass
sich unterhalb der Sprache für den Coachee interessante Informationen verbergen:

- *Tilgung:* Die Person lässt eine Information aus, sie tilgt sie.
- *Generalisierung:* Die Person generalisiert von einem Einzel-
  fall auf die Gesamtheit der Erfahrungen.
- *Verzerrung:* Die Person schildert eine durchaus bewegliche
  Situation als unbeweglich und festgefahren oder betrachtet
  sie nur eindimensional.

Bei der Arbeit mit dem Meta-Modell konzentrieren Sie sich auf
die einzelnen Sätze des Coachees oder Teilnehmers und überlegen, ob eine Tilgung, eine Generalisierung oder eine Verzerrung
vorliegt. Es können Substantive, Verben oder Adjektive fehlen,
oder es können Wörter wie »alle, jeder, immer« benutzt werden.
Oder jemand äußert sich über die Gedanken eines anderen oder
stellt einfache Ursache-Wirkungs-Zusammenhänge her. Sie fragen
dann systematisch bezüglich der fehlenden Informationen nach.

Anwendung

Das Nachfragen nach dem Meta-Modell kann in verschiedenen
Kontexten Anwendung finden – dazu nun mehrere Beispiele.

Tilgung bedeutet, dass bestimmte Informationen im Satz fehlen.
Diese Informationen werden mitgedacht, aber nicht explizit ge-
nannt, und bergen daher viel Potenzial für Missverständnisse.
Um erfolgreich arbeiten zu können, ist es hilfreich, die getilgten
Anteile zu erfragen. Bei dem Satz etwa »*Die Kollegen reden nicht
mit mir!*« fällt auf, dass die Information darüber fehlt, in wel-
chen Situationen die Kollegen nicht mit dem Coachee sprechen.
Nehmen Sie den Satz so hin, würde dies heißen, dass kein Kolle-

ge jemals mit Ihrem Coachee spricht – und Sie könnten schnell in »Mobbing«-Kategorien denken. Mit der kurzen Nachfrage »*Wann sprechen Ihre Kollegen nicht mit Ihnen?*« können Sie ihm hingegen verdeutlichen, dass Sie nicht von vornherein davon ausgehen, dass mit ihm überhaupt nicht gesprochen wird. Und wahrscheinlich fällt ihm dazu auch etwas ein.

Und so wird auch sein Gefühl des »Nicht-Sprechens« verändert, weil er nun auch Gesprächssituationen erinnert, in denen mit ihm gesprochen wurde. Die zweite Nachfrage, die sich hier anschließt, besteht in der Frage: »*Über was sprechen die Kollegen nicht mit Ihnen?*«

Diese beiden Einschränkungen machen deutlich, dass das grundsätzliche Gefühl »*Die Kollegen reden nicht mit mir!*« durch die Realität nicht gerechtfertigt ist.

Beispiel für eine »Generalisierung«

Eine Generalisierung zeigt an, dass eine Person eine einmalige Erfahrung verallgemeinert. Das ist nach dem Meta-Modell nicht »wohlgeformt«. Beklagt sich beispielsweise jemand, dass alle Chefs keine Ahnung hätten, dann können Sie auch hier nachfragen, und zwar nach dem Wort »alle«, das die Verallgemeinerung birgt: »*Kennen Sie keinen einzigen Vorgesetzten – wenn Sie einmal Ihre gesamte Laufbahn betrachten –, vor dem Sie Respekt hatten?*« Mit diesem Satz lösen Sie einen Suchprozess nach einer positiven Erfahrung aus, mit der Sie weiterarbeiten können. Sie können das »alle« auch anders hinterfragen: »*Wer genau hat keine Ahnung?*« Mit dieser Frage konkretisieren Sie diese Aussage und holen Sie von einer hohen Ebene wieder runter *(vgl. dazu das Tool »Chunken«, Tool 5)*. Der Effekt ist ähnlich wie bei der Tilgung: Durch die Nachfrage wird dem Coachee bewusst, dass er einen Teil der Realität ausgeblendet hat.

Beispiel für eine »Verzerrung«

Verzerrungen, zu denen auch die Vorannahmen *(siehe Tool 43)* gehören, zeigen eine falsche Wahrnehmung der Welt an. Die typischen Verzerrungen sind das sogenannte »Gedankenlesen«. Gedankenlesen beschreibt die Annahme einer Person, sie wüsste, was eine andere Person denkt. Eine Verzerrung ist auch das Herstellen von einfachen Ursache-Wirkungs-Zusammenhängen oder eine statische Beschreibung einer flexiblen Situation. Ein Beispiel: *»Mein Chef hält mich für blöd.«* Diese Aussage sollte unbedingt hinterfragt werden, sonst steht diese verzerrte Wahrnehmung als Tatsache im Raum. Eine Verzerrung kann unheilvoll wirken, denn der Coachee glaubt genau zu wissen, was sein Chef über ihn denkt. Eine Nachfragemöglichkeit ist hier: *»Woran machen Sie das fest?«* oder *»Was führt Sie zu dieser Annahme?«*.

Weitere Anwendungsmöglichkeiten in Beratung, Training und Coaching

Die Beispiele hier stammen alle aus einer 1 : 1-Situation, also aus dem Coaching. Das ist gut so, denn mit dem Nachfragen berührt man oft sehr persönliche Bereiche. Dennoch gibt es auch manche Situation, in der es im Training sehr wichtig ist, genau nachzufragen, zum Beispiel bei Angriffen. *»Das ist doch alles Mist, was Sie hier erzählen«*, können Sie nicht auf sich sitzen lassen, Sie müssen reagieren. Das können Sie mit dem Nachfragen nach dem Meta-Modell oder mit dem Aufdecken von Spielen *(siehe Tool »Spiele«, Nr. 36).*

Und natürlich gibt es in Seminaren und Trainings auch Pausen. Erfahrungsgemäß sprechen die Teilnehmer dann oft bei einer Tasse Kaffee und unter vier Augen mit Ihnen sehr persönliche Dinge an. Da Sie hier nicht über sehr viel Zeit verfügen, können die Fragen des Meta-Modells zumindest einen kleinen Beitrag zum Veränderungswunsch des Fragenden leisten.

Meta-Modell in Seminar und Training

Darüber hinaus hat dieses Tool in allen Meetings einen festen Platz, in denen die Themen nicht konkret ange- und besprochen werden. Das Meta-Modell hilft dann, nicht in Allgemeinplätze abzugleiten und die Themen zügig auf einer konkreten Ebene besprechen zu können. Aufpassen sollten Sie allerdings besonders im Coaching, dass Ihr Nachfragen nicht zu einem Verhör wird. »Sei kein Meta-Monster« ist deswegen schon ein geflügeltes Wort unter NLPlern. Das intensive Nachfragen kann eben nicht nur klärend, sondern auch bedrängend wirken.

TOOL 22 METAPHERN

Ziel

Grundlage: Hypnotherapie

Mit Metaphern (das Tool stammt aus der Hypnotherapie und wurde vom NLP als zentrales Element aufgenommen) ermöglichen Sie Ihren Teilnehmern oder Coachees, die Komplexität der Emotionen zu begreifen und zu benennen. Mit Metaphern lässt sich ein emotional festgefahrener Zustand leichter flexibilisieren.

Beschreibung

Durch Metaphern gewinnt die Sprache an Ausdrucksmöglichkeiten. Ursprünglich in der Rhetorik entwickelt (Aristoteles), werden in Beratung, Training und Coaching überwiegend Metaphern benutzt, die eine Ähnlichkeit zu einem beschriebenen Sachverhalt aufweisen. Kognitive Linguisten gehen aber davon aus, dass es sich bei Metaphern nicht nur um sprachlich anmutige Formulierungen handelt. Ihrer Meinung nach tragen Metaphern wesentlich zur Strukturierung des Denkens bei. Es kann sich beim Umgang mit Metaphern sogar um eine punktgenaue Denktechnik handeln, die das Ziel hat, Zusammenhänge neu zu verstehen und Probleme zu lösen.

Für den Zuhörer kommt es beim Gebrauch von Metaphern zu einem überraschenden Bildwechsel – und damit zu neuen Einsichten. Oft geht mit dieser Einsicht eine Beurteilung einher: *»Ja, so will ich sein / das Problem lösen«* oder *»Nein, so will ich nicht sein / das Problem nicht lösen«*. Im letzten Fall werden Ressourcen geweckt, die dazu beitragen, Veränderungspotenziale zu erkennen.

Bildwechsel durch Metaphern

Metaphern fassen emotionale, komplexe Zustände in Bilder und machen diese so handhabbar.

Anwendung

In einem Führungstraining kann die Rolle der Führungskraft beispielsweise schön mit Metaphern dargestellt werden. Sie bitten die Teilnehmer, ihr Führungsverständnis nicht in eine Beschreibung, sondern in eine Metapher zu fassen. Die Teilnehmer können dafür einzeln oder in Gruppen arbeiten. Geben Sie zunächst ein paar Beispiele:

- *»Als Führungskraft bin ich der unumstößliche Leuchtturm im brausenden und tosenden Meer.«*
- *»Als Führungskraft stehe ich für meine Mitarbeiter an der Front.«*
- *»Als Führungskraft bin ich ein Gärtner, der seine Pflänzchen liebevoll großzieht.«*
- *»Als Führungskraft bin ich der Schäfer, der darauf achtet, dass kein Schaf wegläuft.«*

Haben alle Teilnehmer ein bis zwei Metaphern für ihre Führungsrolle gefunden, dann werden diese auf Kärtchen geschrieben. Die Teilnehmer finden sich in kleinen Gruppen zusammen und nehmen einen Teil der Kärtchen mit in ihre Arbeitsgrup-

Beispiel »Führungstraining«

pe. Hier ist es hilfreich, wenn die Teilnehmer nicht ihre eigenen Kärtchen dabeihaben.

In der kleinen Gruppe nehmen sich die Teilnehmer die Metaphern vor und assoziieren dazu. Sie verfolgen bei ihrer Arbeit das Ziel, die positiven Aspekte der Metapher zu finden – zum Beispiel, dass ein unumstößlicher Leuchtturm immer zuverlässig ist und sich nicht vom tosenden und brausenden Meer beeindrucken lässt. Und im Anschluss formulieren sie die kritischen Aspekte – beispielsweise weisen sie bei der Leuchtturm-Metapher darauf hin, dass er viel Energie bei seiner absoluten Standfestigkeit verbraucht. Abschließend wird ein versöhnender Vorschlag formuliert, zum Beispiel: *»Ein Leuchtturm kann auch seinen Mitarbeitern diese Standfestigkeit zutrauen.«*

Nach der Arbeit stellen die Gruppen die Ergebnisse vor und geben ihre Notizen an jeweils die Person zurück, die die Metapher eingebracht hat.

Weitere Anwendungsmöglichkeiten in Beratung, Training und Coaching

Metaphern sind immer dann hilfreich, wenn Emotionen plastisch begreifbar gemacht werden sollen. So können zum Beispiel in der Beratung oder im Coaching die verbalisierten Gefühle des Coachees als Metapher zurückgespiegelt werden. Wenn sich beispielsweise jemand darüber beklagt, dass ihn die Teamkollegen nur ausnutzen und all ihren »Dreck« bei ihm abwerfen, können Sie formulieren: *»Sie fühlen sich also wie der Fußabstreifer des Teams?«* Oder wenn sich jemand darüber beklagt, dass am Morgen sein Schreibtisch immer so voll sei, dass er nicht wüsste, wo er mit der Arbeit anfangen soll, können Sie zurückgeben: *»Ihr Arbeitsplatz gleicht also einem dichten Dschungel, durch den Sie erst durchblicken, wenn die Sonne im Zenit steht?«*

Manchmal sagen die Coachees auch, dass eine Metapher nicht zutrifft. Sie finden dann selbst ein Bild, das besser passt. In diesem Fall orientieren Sie sich am besten an dem Bild des Coachees und arbeiten damit weiter: »*Nein, ein Dschungel ist es eigentlich nicht. Eher so etwas wie die Dachkammer des Lebens. Lauter Dinge, die ich dringend anpacken müsste, aber bei allem habe ich Sorge, dass es eine lange Geschichte werden könnte.*«

Emotionen verdeutlichen

Mit diesen Metaphern lässt sich dann leichter weiterarbeiten. Manche Coachees und Klienten denken über die Metapher nach und werden ganz still, andere lachen erst einmal. Lösungsvorschläge können sich dann in erster Linie an dem gefundenen Bild orientieren.

Die Erfahrung zeigt, dass Metaphern über lange Zeit im Gedächtnis haften bleiben und immer wieder an den gefundenen Lösungsweg erinnern. Befindet sich der Coachee wieder in einer schwierigen Situation mit seinen Teamkollegen, dann hat er ganz schnell den alten »Fußabstreifer« vor Augen, der er nicht mehr sein möchte. Er kann dann sein Verhalten entsprechend anpassen.

TOOL 23 MY FRIEND JOHN

Ziel

Ziel dieses Tools aus der Hypnotherapie ist es, dem Zuhörer mit Hilfe einer Geschichte zu einer neuen Idee zu verhelfen.

Grundlage: Hypnotherapie

Beschreibung

In der Beratung, im Training und im Coaching ist es manchmal wichtig, gezielt Ideen zu säen. Dies geschieht häufig über Ratschläge: »*Sie könnten einmal dieses und jenes ausprobieren ...*« Da es bei Ratschlägen aber die Tendenz gibt, Ihnen als Berater darzulegen, dass die Ratschläge nicht funktionieren können, greift Milton Erickson mit seiner »My friend John«-Methode zu einem Trick: Er erklärt seinen Patienten nicht, was er für sinnvoll und richtig in dieser Situation hält, sondern er erzählt eine Geschichte von seinem Freund »John«, dem es einmal ähnlich ergangen ist wie dem Patienten, und breitet aus, welche Lösungen dieser Freund gefunden hat.

Widerstände überwinden

Diese elegante Form, Widerstände zu überwinden, kann auch auf verschiedene Geschichten ausgedehnt werden, um dem Coachee mehrere Handlungsmöglichkeiten anzubieten. Im Trainingskontext wird »My friend John« in das Benchmarking übersetzt: Was machen andere Firmen mit ähnlichen Aufgabenstellungen besser? Welche Erfolgsrezepte gibt es bereits?

Anwendung

Coaching-Beispiel

Anwendung kann diese Methode sehr leicht in Coachings finden. Auch dort ist es besser, nicht als der Alleswisser und Alleskönner aufzutreten und für jedes Problem eine Lösung parat zu haben. Erfolgversprechender ist es, wenn der Coachee seine eigene Lösung entwickelt. Manchmal aber steht der Coachee auf »der Leitung«. Ihm fällt einfach nichts ein, und so wendet er sich hilfesuchend an den Coach. Funktioniert das Entwickeln von Ideen über Fragen nicht, so kann zu der John-Technik gegriffen werden.

Der Coach erzählt dem Coachee ausführlicher von einem seiner Coachees, von einem Kollegen oder von einem Freund, der etwa in einer vergleichbaren Situation war, und stellt dar, wie dieser eine Lösung gefunden hat. Er kann auch gleich die Vor- und Nachteile der Lösungen aufzeigen. Erzählen Sie mehrere Geschichten, hat der Coachee die Wahl, wie er weiter vorgehen möchte. Die Erfahrung zeigt aber, dass die Coachees auf der Basis der Erfahrungen Ihres Freundes John ihren eigenen Lösungsweg entwickeln.

Wichtig ist, dass die John-Geschichten auch extreme Fantasien zulassen. Sitzen Sie beispielsweise einem Manager gegenüber, der sich über seine mangelnde Work-Life-Balance beklagt, dann erzählen Sie eine Geschichte über einen Freund, der von heute auf morgen alles hat stehen und liegen lassen, und erarbeiten anhand dieser Geschichte die Vor- und Nachteile des Vorgehens. Denn der erste, emotionale Ausweg aus einer be- oder überlastenden Situation sind Fluchtgedanken. Diese werden so abgefangen, gewürdigt und aus der Distanz betrachtet.

Weitere Anwendungsmöglichkeiten in Beratung, Training und Coaching

Ähnlich wie im Coaching kann das Tool in der Beratung Anwendung finden. Hier besteht ein ähnliches Setting – das für das Coaching Gesagte kann übertragen werden. Das Tool ist vor allem dann hilfreich, wenn die Klienten dazu neigen, alle Ratschläge des Beraters zu torpedieren, und immer wieder versuchen zu erklären, warum es so, wie sich das der Berater vorstellt, nicht funktionieren kann.

Ähnliches Setting in Beratung

Im Training kann diese Technik auch dazu führen, dass Ideen kreiert werden. Das passt immer dann, wenn die Seminargruppe in der Problemorientierung feststeckt und von sich aus keine Lösungsansätze findet. Sie können in diesem Fall eine konkrete Aufgabe zur Lösungsfindung stellen. Zur Einführung dieser Aufgabe erzählen Sie dann verschiedene Geschichten von anderen Teams oder Unternehmen und berichten, wie diese eine schwierige Situation bewältigt haben. Je spannender und interessanter Sie erzählen, umso eher werden seitens der Zuhörer Ideen zur produktiven Problemlösung geboren.

TOOL 24 PARTS-PARTYS

Ziel

Grundlage:
Systemische Therapie
(Virginia Satir und
Mailänder Schule)

Dieses Tool von Virginia Satir verfolgt das Ziel, innere Konflikte zu betrachten und durch innere Gelassenheit nach außen hin Stärke zeigen zu können. Der Coachee soll die Chance haben, das innere Gefühl der Zerrissenheit nach außen zu bringen und für diesen inneren Konflikt eine Lösung zu finden.

Beschreibung

Das innere Team

Bei einer Parts-Party sollen zunächst einmal die verschiedenen Anteile, die einen inneren Konflikt verursachen, identifiziert werden. Virginia Satir geht von der Hypothese aus, dass ein inkongruenter Auftritt oder ein äußerer Konflikt auf einem inneren Zwist zwischen einzelnen Teilen der Persönlichkeit beruht. Dadurch, dass eine Person nicht mit einer Sprache nach außen auftritt, wirkt sie eher inkongruent und unentschlossen. Das verursacht Konflikte. Diese Idee hat Friedemann Schulz von Thun übernommen. Er spricht von einem »inneren Team«, deren »Mitglieder« miteinander in Kontakt treten sollen, um sich nach außen klar und eindeutig präsentieren zu können.

Wenn sich beispielsweise ein Kundenberater von einem Kunden schlecht behandelt fühlt, dann kann ein innerer Konflikt auftreten:

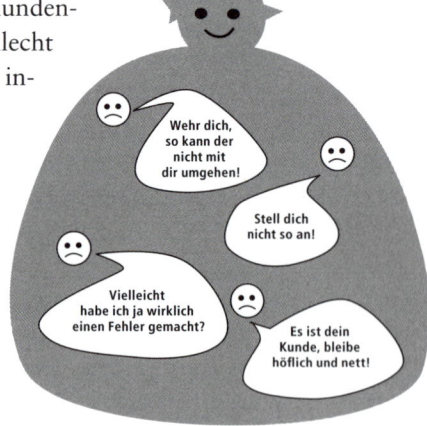

Da diese vier Stimmen innerlich miteinander streiten, tritt die Person nach außen hin inkongruent auf. Das führt zu Konflikten.

Im ersten Schritt werden also die verschiedenen Anteile an einer schwierigen Situation identifiziert. Im zweiten Schritt geht es darum, jedem einzelnen Anteil Gehör zu verschaffen und eine Verhandlung zu führen. Mit einer gütlichen Entscheidung kann eine Person wieder kongruent nach außen auftreten.

Anwendung

Im Coaching kann zum Beispiel eine Führungskraft formulieren, dass sie bei Meetings mit Kollegen immer wieder ein undifferenziertes, ungutes Gefühl hat. Sie weiß mit diesem diffusen Gefühl nicht umzugehen. Ein solches Gefühl ist wunderbar geeignet, um eine Parts-Party zu veranstalten: Zunächst erfragen Sie die »Teilnehmer« der Party: »*Wenn Sie genau in sich hineinhören, gibt es da vielleicht eine Stimme, die einen Kommentar zu dem Meeting abgibt?*« Hier antwortet die Führungskraft vielleicht mit: »*Wie bei einem Hahnenkampf.*«

Mit dieser kurzen Antwort haben Sie schon einen Persönlichkeitsanteil identifiziert, der wenig Spaß daran hat, sich in Konkurrenz zu den anderen Führungskräften zu begeben. Sie notieren diesen Anteil auf einem Blatt Papier – oder lassen den Coachee selbst Notizen anfertigen. Das innere Team kann auch mit kleinen Männchen aufgestellt werden. Die Aussage wird dann auf einem kleinen Stück Papier danebengelegt *(siehe auch Tool 37, Systemische Skulpturen)*.

Sie fragen so immer ein Stück weiter, bis Sie die verschiedenen Anteile gefunden haben: »Gibt es noch eine andere innere Stim-

Innere Stimme hören

me oder einen Kommentar?« Hier werden nicht nur kritische Anteile hervortreten, sondern auch ermahnende Anteile *(»Stell dich nicht so an«)* und Anteile, die auf die Karriere schauen *(»Stelle dich positiv dar, das geht doch in Meetings prima«)*.

Die »Party« beginnt Sind alle Anteile gefunden, wird der innere Widerstreit sehr deutlich. Die meisten Coachees sind nun nicht mehr verwundert darüber, dass sie ein schlechtes Gefühl hatten oder von anderen als unentschlossen wahrgenommen wurden. Und dann beginnt die eigentliche »Party«. Die Anteile kommen in Kontakt miteinander und sprechen miteinander. Dieses Party-Gespräch leiten Sie als Coach an. Folgende Fragen helfen dabei:

- Wer spricht zuerst mit wem?
- Welche Einigung kann erzielt werden?
- Wer soll bei diesem Thema das Sagen haben?
- Wer soll sich zurückhalten?
- Wer ist mit wem verbunden?
- Wer gibt welchen wichtigen Hinweis?
- Was können Sie von welchem Hinweis lernen?
- Wie kann eine Einigung aussehen?

Weitere Anwendungsmöglichkeiten in Beratung, Training und Coaching

Bei einer Parts-Party kommen oft sehr persönliche Dinge zum Vorschein. Deswegen eignet sich dieses Instrument nicht uneingeschränkt zum Einsatz in Gruppen. Sie können gegebenenfalls die Übung anleiten, ohne die Teilnehmer darum zu bitten, die Ergebnisse zu veröffentlichen. Wenn jemand darüber sprechen möchte, dann steht es ihm frei.

Bei unkritischen Themen einsetzen Bei unkritischen Themen kann es jedoch ein hilfreiches Instrument sein, beispielsweise bei einer Verkaufsschulung. Hier können Sie die Teilnehmer bitten zu notieren, welche inneren Stimmen sich melden, wenn sie einen Kunden am Telefon haben, der sie anschreit.

TOOL 25 PERSIFLIEREN DES WELTBILDES

Ziel

Dieses Tool verfolgt die Absicht, dem Coachee oder Teilnehmer die Absurdität seiner Weltsicht deutlich zu machen.

Grundlage: Provokativer Gesprächsstil

Beschreibung

Achtung – Sie brauchen ein ausgeprägtes Fingerspitzengefühl. Denn Sie nehmen nicht nur Ihr Gegenüber auf die Schippe, sondern Sie ermutigen Ihr Gegenüber auch dazu, seine Weltsicht zu hinterfragen. Und das auf eine humorvolle Art und Weise.

Zunächst benötigen Sie die Fähigkeit, aus den Äußerungen des Coachees auf das dahinterliegende Weltbild zu schließen. In jede Problembeschreibung fließt automatisch seine Sicht der Dinge, also seine Weltsicht, mit ein. Ihre Aufgabe als Berater, Trainer oder Coach ist es nun, auch das, was Ihr Gegenüber zwischen den Zeilen über seine Weltauffassung ausdrückt, aufzunehmen.

Fingerspitzengefühl notwendig

Ihr Gesprächspartner sagt beispielsweise: »*Wissen Sie, ich arbeite wirklich sorgfältig. Ich weiß immer genau, was ich tue. Schließlich ist das nicht das erste Auto, das ich designe. Und dann kommt mein Chef – selbst nie Designer gewesen – und gibt seine dummen Sprüche ab und meint, ich müsse meinen Entwurf ändern.*« Nehmen Sie dann das auf, was die Person zwischen den Zeilen gesagt hat, und spiegeln Sie es übertrieben zurück: »*Chefs haben doch keine Ahnung. Deswegen sind sie ja Chefs.*«

Im Idealfall bestätigt Ihr Gegenüber am Anfang Ihre kurzen prägnanten und übertriebenen Zusammenfassungen. Schließlich aber sollte er Ihre Persiflage erkennen – und wenn Sie beide am Schluss gemeinsam darüber lachen können, hat sich der Einsatz des Tools gelohnt.

Weltsicht überzeichnen

Manchmal ist es erstaunlich, wie sehr Sie die Weltsicht überzeichnen müssen, bis jemand die Absurdität erkennt. Dafür braucht es etwas Geduld. Eine Variante ist das absichtsvolle Missverstehen. Hier wird versucht, in einer festgefahrenen emotionalen Situation durch Humor eine gelassene und ressourcevolle Stimmung zu erzielen. Es geht also um ein absichtliches, in der Regel übertriebenes Missverstehen, das der Coachee korrigieren muss.

Anwendung

In einem Coaching beklagt sich eine Führungskraft darüber, wie wenig sie ihren Mitarbeitern zutrauen kann. Jede Arbeit, die sie in fremde Hände legt, geht schief. Es entwickelt sich folgender Dialog:

- **Führungskraft:** »Wissen Sie, ich erkläre das meinen Mitarbeitern ganz genau. Aber es kommt nicht wirklich etwas dabei heraus. Selbst einfache Bitten können die nicht umsetzen.«
- **Coach:** »Das geht den meisten Führungskräften so. Am besten, man würde alles alleine machten. Dann wüsste man wenigstens, dass es funktioniert.«
- **Führungskraft:** »Genau.«
- **Coach:** »Dann spart man sich auch die vielen Erklärungen. In der Zeit, in der man es erklärt, hat es sich schon fast von selbst erledigt.«
- **Führungskraft:** »Genau. Es ist wirklich Zeitverschwendung. Meine Sekretärin und ich könnten alleine den Laden gut schaukeln.«

- **Coach:** »Genau. Ihre Sekretärin und Sie gegen den Rest der Firma.«
- **Führungskraft:** »Genau.«
- **Coach:** »Es ist schon bemerkenswert, dass Sie so unglaublich dumme und inkompetente Mitarbeiter haben. Man fragt sich, warum es in Firmen nicht nur noch Führungskräfte und Sekretärinnen gibt. Das würde doch reichen. Mitarbeiter kosten nur Geld und arbeiten schlecht.«
- **Führungskraft:** »Mhm ...«
- **Coach:** »Dann wären auch die Gewinnspannen viel höher. Und die Arbeitsleistung wäre die gleiche. Sie könnten Ihre Kunden ja alle von Berlin aus betreuen. Die ganze Rumfahrerei ist doch Humbug. Kostet auch nur Zeit und Geld.«
- **Führungskraft:** »Na ja, die Kunden wollen schon betreut werden.«

Das Gespräch könnte noch etwas weitergehen. Aber der entscheidende Punkt ist schon passiert: Die Führungskraft hat erkannt, dass sie ihre Mitarbeiter braucht und nicht alles alleine leisten kann. Von hier aus kann es dann konstruktiv weitergehen.

Weitere Anwendungsmöglichkeiten in Beratung, Training und Coaching

Dieses Tool ist genauso in Trainings- oder Workshopsituationen anwendbar. Hier sollten Sie noch vorsichtiger formulieren, da es Zuhörer geben könnte, die vor dem Betroffenen selbst den Humor in der Intervention erkennen und den Angesprochenen durch ein Lachen irritieren könnten. Als Betroffener braucht man immer am längsten, um zu verstehen, was eigentlich geschieht. Möglicherweise fühlt er sich von den anderen ausgelacht.

Fester Platz bei Beratung

In der Beratung hat dieses Tool ebenfalls seinen festen Platz. Oft ist es wichtig, auf diese Art und Weise das Weltbild zu hinterfragen, um überhaupt weiterarbeiten zu können. Bleibt der Klient auf den ausgetretenen Wegen, dann wird es schwierig, über neue Verhaltensmöglichkeiten nachzudenken. Erkennt er aber die Begrenzung, die seine Denkweise mit sich bringt, tritt er Neuem oft aufgeschlossener gegenüber.

TOOL 26 POSITIVE KONNOTATION / SYMPTOM-VERSCHREIBUNG / BEGEISTERUNG FÜR DAS SYMPTOM

Ziel

Drei Grundlagen Ziel dieses Tools, das seine Grundlagen im Konstruktivismus (hier von Paul Watzlawick und Virginia Satir entwickelt), in der Systemischen Therapie (nach Mara Selvini-Palazzoli) und der Provokativen Therapie (nach Frank Farrelly) hat, ist es, den Widerstand, den eine Person gegen eine mögliche Veränderung und damit gegenüber dem Berater, Trainer oder Coach aufbaut, gegen das Symptom selbst zu richten. Ist der Widerstand umgeleitet, so die Hypothese, steht einer Veränderung nichts mehr im Weg.

Beschreibung

Bei dem Tool sind drei Aspekte zu beachten: Bei der *positiven Konnotation* werden unabhängig davon, was eine einzelne Person oder ein Team empfindet, alle vorhandenen Verhaltensweisen positiv bewertet. Jedes Verhalten einer Person im Team wird ebenfalls positiv bewertet. Diese Anerkennung der Leistungen Einzelner für das Team kann das Denken über sich selbst beeinflussen. Damit sich der Coachee oder das Team trotz positiver Konnotation ernst genommen fühlt, wird manchmal auch empfohlen, von wertschätzender Konnotation zu sprechen. Sie formulieren also nicht einfach Komplimente für jedes Verhalten, sondern Sie wählen gezielt Teilaspekte des Verhaltens aus, die Sie für anerkennenswert halten, und fokussieren diese.

Mara Selvini-Palazzoli hat ihre *No-Change-Intervention* – oder *Symptomverschreibung* – so genutzt, wie es auch bei der positiven Konnotation der Fall ist. Sie hat dieses starke Tool aber auch bewusst ganz ans Ende einer Sitzung als Abschlussintervention gesetzt, um ihm noch einmal eine gewisse Stärke zu verleihen. So hat sie Familien aus der Beratung entlassen mit der Aufgabe, in der nächsten Woche auf gar keinen Fall etwas zu verändern. Bei solch einer Schlussintervention kann auch empfohlen werden, nicht nur nichts zu verändern, sondern das Gegebene auch noch zu verstärken.

Positive Konnotation

Frank Farrelly geht noch einen Schritt weiter als die anderen Autoren. Er empfiehlt nicht nur, alles so beizubehalten, wie es ist, er beschreibt auch noch ausführlich die positiven Auswirkungen des beklagten Verhaltens und rät dringend davon ab, irgendeine Veränderung vorzunehmen. Im Nebensatz streift er hin und wieder kurz die Vorzüge einer Veränderung, verwirft diese Überlegungen aber immer wieder ganz schnell, um tatsächlich das beklagte Verhalten zu empfehlen. Das bezeichnen wir als *Begeisterung für das Symptom*.

Beklagenswertes Verhalten mit positiven Auswirkungen

Diese humorvollen bis provokativen Übertreibungen wirken nur dann angemessen, wenn sie mit einer absoluten Wertschätzung für das Gegenüber gepaart sind.

Anwendung

Das Tool kann immer dann zur Anwendung gelangen, wenn Sie in der Einzelberatung oder im Coaching das Gefühl haben, der Coachee wolle sein geschildertes Problem nicht wirklich lösen.

Es ist ihm zu mühevoll, oder er hat sich auch so schon ganz gut arrangiert, oder er weiß nicht recht, wie er es anpacken soll. Wenn er dennoch die Situation beklagt, dann können Sie das Tool so einsetzen wie in dem folgenden Beispiel:

- **Coachee:** »Ich möchte unbedingt mich mehr abgrenzen können. Die Kollegen nutzen mich einfach aus. Alles laden sie auf meinen Schultern ab. Wie kann ich nur lernen, auch einmal ›Nein‹ zu sagen?«
- **Coach:** »Wieso wollen Sie ›Nein‹ sagen lernen? Das wäre doch zu schade. Wen sollen denn die Kollegen dann fragen, wenn sie in den Biergarten wollen? Irgendjemand muss doch die Arbeit machen!«
- **Coachee:** »Ja, aber doch nicht ich!«
- **Coach:** »Ja, warum denn nicht? Kennen Sie jemanden in Ihrem Team, der die Arbeit übernehmen würde?«
- **Coachee:** »Nein, aber die können ja auch alle ›Nein‹ sagen.«
- **Coach:** »Also, sag ich doch. Das Team braucht Sie! Wenn Sie nun auch noch anfangen, ›Nein‹ zu sagen, dann können sich die anderen nicht mehr im Biergarten entspannen. Das wäre doch schade. Sie sorgen gut für die andern. Sie sind ein echter Engel.«
- **Coachee:** »Aber ich will kein Engel sein. Ich will auch in den Biergarten.«
- **Coach:** »Nun aber mal langsam. Warum denn Sie?! Das passt doch gar nicht zu Ihnen. So fleißige Mäuschen wie Sie sitzen nicht im Biergarten, sondern am Schreibtisch. Das wissen Ihre Kollegen. Nein, nein, schlagen Sie sich diese absurde Idee aus dem Kopf. Sie arbeiten und die anderen gehen Bier trinken. Das ist nun mal Ihr Schicksal!«

Den meisten Coachees reicht es an dieser Stelle. Der Widerstand gegen das Symptom ist geweckt – und nun wird es dem Coachee leichtfallen, das nächste Mal einfach »Nein« zu sagen. Denn er fühlt sich nun nicht mehr nur als armes Opfer, sondern spürt wieder eine Wut, die ihn handlungsfähig macht.

Weitere Anwendungsmöglichkeiten in Beratung, Training und Coaching

Dieses Tool kann ähnlich effektiv bei der Arbeit mit Gruppen und Teams eingesetzt werden, und zwar immer dann, wenn ein Veränderungswille formuliert, aber mit einer passiven Haltung gepaart wird. Beispielsweise kann das Tool auch dafür benutzt werden, eine Bereitschaft für eine Veränderung zu stärken. Begleiten Sie ein Team in einem Veränderungsprozess, so können Sie zu Beginn das Team erarbeiten lassen, welche Vorteile es darin sieht, wenn alles beim »Alten« bleibt, obwohl sich die Marktsituation verändert. Was wäre gut daran, nichts zu tun? Versuchen Sie schon bei der Ausarbeitung Humor ins Geschehen zu bringen. Denn wenn alle Beteiligten erst einmal herzhaft über sich selbst lachen konnten, ist die Bereitschaft für eine Veränderung deutlich höher.

Einsatz bei Gruppen- und Teamarbeit

TOOL 27 RAPPORT

Ziel

Dies ist ein Tool, das durch das NLP sehr bekannt geworden ist, obwohl es viele Jahre zuvor bereits in vielen therapeutischen Richtungen hauptsächlich unter dem Begriff »Spiegeln« genutzt wurde. Ziel des Tools ist es, eine Vertrauensbasis zu schaffen und eine gute gemeinsame Verständigung zu erzielen.

Grundlage: Hypnotherapie, NLP

Beschreibung

Schon während der ersten Worte entscheidet sich, ob Sie in einen guten Kontakt mit Ihrem Gegenüber kommen. Wenn zwei Personen ein Gespräch miteinander führen, gleicht sich bei einem guten Kontakt die Haltung der beiden immer mehr aneinander an. Eine körpersprachliche Veränderung der einen Person zieht sehr häufig eine körpersprachliche Veränderung der anderen Person nach sich. Oft gleicht sich außerdem der Atemrhythmus an. Bei sehr langen Kontakten (Ehen, Kinder im Internat, Geschwister) gleichen sich oft noch andere Funktionen wie der Herzrhythmus oder der Blutdruck an. Ist der Kontakt hingegen schlecht, geschieht das Gegenteil: Die Personen bewegen sich unbewusst sehr unterschiedlich.

Hintergründe Dass sich die Gesprächspartner im Laufe des ersten Kontaktes aufeinander einstellen, wird im NLP mit dem Begriff »Pacing« bezeichnet. Je ähnlicher man sich dem anderen fühlt, desto besser das Pacing gelingt, umso leichter wird der gute Kontakt, der gute Draht hergestellt: Das nennen die NLPler »Rapport«. Je ähnlicher die Denkweise, die Sichtweise, die Sprache und die Entscheidungsstrategien sind, umso einfacher und fruchtbarer wird ein Kontakt erlebt. Sich gut auf den Gesprächspartner einzustellen heißt, in Rapport mit ihm zu gehen. Im NLP gibt es hier noch einen weiteren Begriff: das »Leading«. Damit ist gemeint, dass einer der Gesprächspartner immer kurz vor dem anderen eine körpersprachliche Veränderung vornimmt. Er »leitet« das Gespräch. Der andere paced, kommt also im Gleichschritt hinterher.

Rapport, Leading und Pacing Man kann beobachten, dass derjenige, der im körpersprachlichen Leading ist, oft auch inhaltlich das Gespräch führt. Auch in sozialen Hierarchien, etwa beim Chef-Mitarbeiter-Verhältnis, kann beobachtet werden, dass bei einem respektvollen Kontakt der Chef im Leading ist und der Mitarbeiter paced.

Ein guter Kontakt ist schnell zerstört, wenn ein Gesprächspartner nur seine Interessen und seine Person berücksichtigt. Dann erfolgt ein sogenannter »Rapportbruch«. Dieser körpersprachlich oft zuerst wahrnehmbare Bruch macht es auch schwer, auf der inhaltlichen Ebene eine Übereinkunft zu erzielen.

Anwendung

Die Schulung des Rapports gehört in vielen Seminaren zu den Themen Führung und Verkauf zum Standard. Das kann auf verschiedene Art geschehen. Häufig wird die Hälfte der Seminargruppe gebeten, den Raum zu verlassen. Die andere Seminargruppe erhält eine kurze Einführung ins Thema und dann die Aufgabe, eine Person von draußen abzuholen und in ein interessantes Gespräch zu verwickeln.

Die Aufgabe ist, herauszufinden, wie sich der andere fühlt, und sich darauf einzustellen. So sollte man beispielsweise nicht mit großem Elan auf den anderen zugehen, wenn dieser sich eher zurückhaltend verhält, weil er unsicher ist, was nun auf ihn zukommt. Es geht darum, sich flexibel auf den anderen einzustellen und auf einer Wellenlänge mit ihm zu schwimmen.

Einsatzbeispiel

Der zweite Aufgabenteil besteht darin, nach dem Empfinden eines guten Rapports einmal auszuprobieren, was geschieht, wenn man nun selbst etwas erzählt und dabei körpersprachlich ebenfalls ins Leading geht. Die meisten Teilnehmer berichten, dass sie sehen konnten, wie ihr Gegenüber dazu tendiert, nun ihn zu pacen und sich auch körpersprachlich anzupassen.

Diese Übung wird von den »Unwissenden« oft sehr positiv bewertet. Sie fühlen sich »gut aufgehoben«, haben das Gefühl, es interessiere sich jemand für sie, und freuen sich über die erfahrene Wertschätzung.

Im Anschluss sollten Anwendungsmöglichkeiten im beruflichen Alltag diskutiert werden. Auch die Grenzen sollten dargestellt werden. Beispielsweise erzielt man keinen Rapport, wenn man den anderen einfach »nachäfft«. Das fällt auf und wird als unangenehm empfunden. Es funktioniert also nicht, einen Rapport über das exakt gleiche Verhalten herzustellen. Eine Person muss schon den Willen haben, sich tatsächlich auf den anderen einzulassen.

Weitere Anwendungsmöglichkeiten in Beratung, Training und Coaching

In der Beratung und im Coaching ist die Fähigkeit, einen Rapport zu einem Klienten oder Coachee aufzubauen, unerlässlich, um erfolgreich miteinander arbeiten zu können. In Ausbildungen zum Coach oder zum Berater hat dieses Tool daher einen wichtigen Stellenwert. Es geht konform mit den Drei Säulen von Carl Rogers *(siehe Tool 8)*.

TOOL 28 REFRAMING

Ziel

Drei Grundlagen

Dieses Tool aus dem Konstruktivismus, der Systemischen Therapie und dem NLP zielt darauf ab, die Betrachtungsweise des Problems zu erweitern und damit zu verändern. Mit einer anderen – erweiterten oder veränderten – Betrachtung des Problems werden auch meistens neue Handlungsoptionen sichtbar.

Beschreibung

Die Bedeutung einer Situation ist sehr verschieden. Sie ist abhängig von dem jeweiligen Kontext und von der Person, die einer Situation eine Bedeutung zuweist. Dieser Frame (Rahmen) legt fest, wie eine Person eine Situation oder eine Kommunikation wahrnimmt. In schwierigen Situationen oder bei Problemen nutzt der Klient oder Seminarteilnehmer in der Regel einen negativen Rahmen. Er bewertet eine Situation oder ein Verhalten als schlecht. Im Reframing versuchen Sie, der dargestellten Problemlage einen positiven Rahmen zu geben. Dazu ist es nötig, in einen anderen Kontext zu wechseln oder die Kausalkette umzudefinieren. Dies kann schon mit wenigen Sätzen gelingen. Nimmt der Coachee oder Seminarteilnehmer diese Umdeutung an, eröffnen sich für ihn neue Perspektiven und Verhaltensoptionen.

Andere Rahmen herstellen

Das bekannteste Beispiel stammt aus dem NLP: Eine Mutter beklagt sich bei ihrem Coach, dass sie es nicht leiden kann, wenn ihre Kinder immer alles im Wohnzimmer liegen lassen. Sie bemühe sich, am Vormittag das Haus aufzuräumen. Kaum kämen ihre Kinder nach Hause, läge der Boden voll mit Schuhen, Stiften, Zetteln, Bonbonpapierchen usw. Der Coach hört sich die Beschreibung an und versucht nun ein Reframing. Er schlägt ihr vor, darüber nachzudenken, wie es wäre, wenn der Boden oder Teppich ganz frei von irgendwelchen Dingen wäre. Er wäre genauso sauber und ordentlich wie kurz nach dem Aufräumen. Die Frau freut sich sichtlich über diese Vorstellung. Jetzt setzt das Reframing ein. Wenn in einem Haus Kinder wohnen und das Haus bleibt ganz aufgeräumt und es sieht nicht so aus, als hätten die Kinder das Wohnzimmer betreten, dann kann es nur so sein, dass die Kinder bei einem schweren Unfall ums Leben gekommen sind. Durch diese schockierende Vorstellung hatte die Mutter nun die Möglichkeit, die »Spuren« der Kinder im Wohnzimmer als ein Lebenszeichen zu deuten und die Unordnung nun anders und damit nicht mehr als Belastung wahrzunehmen.

NLP-Beispiel

Im NLP ist aus dem Reframing die Methode des Six-Step-Reframing entwickelt worden, das auch die Arbeit mit Persönlichkeitsanteilen einbezieht. Aus diesem Basis-Modell sind inzwischen viele weitere Reframing-Prozesse entwickelt worden.

Anwendung

Das Reframing kann nicht nur in Beratung, Training und Coaching, sondern in jedem Gespräch angewendet werden. Im Training ist es etwa bei der Teamentwicklung nützlich – dazu ein Beispiel:

Beispiel »Teamentwicklung« Ein Teammitglied beklagt, dass das Team zu wenig miteinander kommuniziert. Alle sitzen in Einzelbüros, der Austausch läuft nur über Verabredungen. Nun sind die anderen Teammitglieder angehalten, ein Reframing zu formulieren. In welchem Rahmen kann man dieses Problem betrachten, um positive Aspekte zu finden? Reihum sagt jeder, dem etwas einfällt, etwas Positives zu der Situation: »*Wir arbeiten sehr konzentriert*«, »*Wir schaffen mehr als andere Abteilungen*«, »*Bei uns gibt es nicht den berühmten Flurfunk*«, »*Wir sprechen nicht über andere*«, »*Wir machen nur Meetings, wenn es wichtig ist*« und »*Wir labern nicht, sondern arbeiten*«.

Nach dieser Reframing-Session wiegt das Problem oft nicht mehr so schwer. Es stehen wieder mehr Ressourcen zur Verfügung. Das Teammitglied, das das Problem eingebracht hat, kann nun überlegen, wie nach dieser Runde das Problem für das Teammitglied aussieht und welchen konkreten Wunsch es an die Gruppe richten möchte. Dieser Wunsch wird dann formuliert und bearbeitet. Der klagende und damit auch vorwurfsvolle Aspekt ist aus der Diskussion verschwunden.

Weitere Anwendungsmöglichkeiten in Beratung, Training und Coaching

Im Coaching wird der Coach immer wieder zwischendurch versuchen, ein Reframing vorzunehmen. Dies soll den Coachee aus seiner Problemorientierung heraus in einen positiven Zustand bringen, in dem er wieder mehr Ressourcen zur Verfügung hat. Er sucht dafür aktiv andere Zusammenhänge oder Kontexte, in denen das beklagte Verhalten nutzbringend ist. So wird beispielsweise eine aufbrausende Art zu einer Methode, um spontan Konflikte anzusprechen und nichts anbrennen zu lassen, ein Schweigen im falschen Moment wird zu einem diplomatischen Meisterstück oder ein vorschnelles Handeln wird zur aktiven Gestalterkraft.

Reframing im Coaching

Besonders ungeliebte Persönlichkeitseigenschaften sind sehr gut mit Hilfe eines Reframings zu bearbeiten. Es ist zielführend, ihnen eine andere Gewichtung zu verleihen.

TOOL 29 REPRÄSENTATIONSSYSTEME

Ziel

Gelungene Kommunikation mit Hilfe des Sinneskanals, den der Gesprächspartner bevorzugt – das ist das Ziel bei der Arbeit mit Repräsentationssystemen (aus dem NLP). Zum anderen hilft das Tool, brachliegende Ressourcen zur Zielerreichung freizusetzen.

Grundlage: Neuro-linguistisches Programmieren

Beschreibung

Es ist ein Verdienst des NLP, eine der ersten systematischen Beschreibungen der Bedeutung unterschiedlicher Wahrnehmungsstile geliefert zu haben. Die NLP-Begründer fanden heraus, dass die Wahrnehmung mit den fünf Sinnen (Sehen, Hören, Riechen, Schmecken, Fühlen) direkt mit der Repräsentation im Gehirn übereinstimmt (daher der Begriff: Repräsentationssysteme).

Unterschiedliche Wahrnehmungsstile

Die meisten Menschen bevorzugen wenige – meistens einen oder zwei – Sinneskanäle und machen dies vor allem durch ihre Wortwahl deutlich. Dies zu erkennen und für die Kommunikation zu nutzen, ist eines der Ziele bei der Arbeit mit den Repräsentationssystemen.

Sehen

Wie unterscheiden sich die Repräsentationssysteme? Der am Sehen orientierte Mensch:

- macht sich ein Bild von den angesprochenen Themen,
- benutzt visuelle Begriffe wie »Perspektive«, »anschaulich«, »sehen wir mal«, »lassen Sie uns das gemeinsam betrachten«, »ich habe keinen Einblick«, »hier sehe ich schwarz«, »klar«, »überschaubar« und vieles mehr und
- muss die Dinge vor Augen haben, um damit arbeiten zu können. Im Coaching mit dem visuell geprägten Menschen lohnt sich daher die Arbeit mit »mentalen Filmen«, in denen er sich selbst in der Zukunft handelnd vorstellt.

Hören

Der am Hören orientierte Mensch:

- hört gerne, intensiv und auch lange konzentriert zu,
- ist vor allem daran interessiert zu erfahren, wie etwas »klingt«, welche »Zwischentöne« es gibt, ob etwas »stimmig« ist und ob ihn etwas »anspricht«,
- hat Freude am sprachlichen Ausdruck und ist auch selbst ein guter Redner und
- hört konzentriert zu und kann sein Probehandeln in der Zukunft am besten in Form eines Dialogs erpro-

ben. Im Gespräch mit jemandem kann er erkennen, ob er eine gute Strategie gewählt hat.

Der am Fühlen (inkl. Riechen und Schmecken) orientierte **Fühlen** Mensch:

- möchte aktiv werden – einfach nur dazusitzen und zu hören und / oder zu sehen, genügt ihm nicht.
- möchte die Dinge »in den Griff« bekommen, etwas »anpacken«, »ausprobieren«, »sich gut fühlen«, »nicht aus dem Tritt kommen« und etwas »mit Nachdruck darstellen« und
- probiert die Dinge gerne aus. Für ihn ist das Probehandeln sehr wichtig, um zu erfahren, welches Verhalten in der Zukunft erfolgversprechend ist.

In schwierigen Situationen und bei Konflikten ist die Darstellung der Situation oft sehr eingeschränkt. Ziel des Coachs ist es dann, eine vollständige Repräsentation der aktuellen Situation zu erzielen. Das hilft dem Coachee dabei, wichtige Aspekte zu berücksichtigen, seine Wahrnehmung zu erweitern und dadurch neue Ideen für eine Lösung finden zu können.

Anwendung

Angewendet werden kann die Arbeit mit den Repräsentationssystemen in jedem Training. Berücksichtigt ein Trainer im Seminar, dass in Mitteleuropa und Nordamerika die meisten Menschen visuell ausgerichtet sind – etwa 45 Prozent –, dann weiß er, dass es für sein Seminar oder seinen Workshop besonders wichtig ist, die Inhalte visuell darzustellen und nicht nur darüber zu sprechen. Dazu gehört auch, dass die Teilnehmer Visualisierungen mit nach Hause nehmen dürfen. Auf diesen Visualisierungen sollten die Inhalte auch nicht nur durch Fließtext, sondern durch Graphiken dargestellt werden. Das macht den visuellen Teilnehmern mehr Spaß. Besonderen Wert legen sie auf eine angenehme Farbzusammenstellung im Raum.

Einsatzbereiche im Training Die auditive Gruppe ist in der Regel in der Minderzahl (etwa 15 Prozent). Das sind diejenigen, die an einem reinen Vortrag viel Spaß haben – wenn er denn gut gemacht ist. Der feine Umgang mit dem Werkzeug Sprache liegt dieser Teilnehmergruppe am meisten. Wenn etwas nicht verstanden wurde, kann der Trainer es ruhig noch einmal erklären. Auditiv geprägte Menschen hören gerne zu und freuen sich darauf, Arbeitsergebnisse präsentieren zu können. Hinzu kommt: Der Seminarraum sollte für diese Zielgruppe ruhig gelegen sein.

Für die kinästhetische Gruppe – ca. 40 Prozent einer Seminargruppe – ist es wichtig, etwas ausprobieren zu können. Diese Menschen lieben Spiele und Rollenspiele aller Art, sie lernen so schneller. Vergessen werden darf nicht, dass diese Gruppe auf eine angenehme Atmosphäre und auf gutes Essen besonderen Wert legt.

Weitere Anwendungsmöglichkeiten in Beratung, Training und Coaching

Genau wie im Seminar sollten Sie im Coaching versuchen festzustellen, zu welcher Gruppe ein Coachee gehört, und sich in der Kommunikation entsprechend verhalten. Im Gespräch mit Ihrem Coachee finden Sie relativ schnell heraus, in welchen Bereichen seine Stärken liegen. Und dann nutzen Sie im Coaching entweder Bilder oder Worte – oder Sie lassen ihn viel ausprobieren, wenn es sich um einen kinästhetisch geprägten Menschen handelt.

Im Coaching ist es besonders wichtig, herauszufinden, welche Kanäle der Coachee in Stress- und / oder Konflikt-situationen ausblendet. Wenn Sie dann diese Repräsenta-tionssysteme wieder aktiv ins Spiel bringen, hat dies oft zur Folge, dass neue Handlungsoptionen entstehen.

TOOL 30   RESSOURCEN AKTIVIEREN

Ziel

Mit dieser aus der Systemischen Therapie stammenden Art, Äu-ßerungen zu kommentieren, soll dem Coachee bewusst gemacht werden, über welche vielfältigen Ressourcen er verfügt und dass er diese auch in der aktuellen schwierigen Situation anwenden kann.

Mehrere Grundlagen

Beschreibung

Ähnlich wie beim Reframing *(siehe Tool 28)* und dem Umwan-deln von Vorwürfen in Wünsche *(siehe Tool 44)* kann in jedem Gespräch mit Coachees und Seminarteilnehmern versucht wer-den, auf brachliegende Ressourcen aufmerksam zu machen. Häufig stehen in schwierigen Situationen nicht alle Ressourcen zur Verfügung, obwohl sie zur Nutzung bereitstehen. Manchmal ist es notwendig, die Teilnehmer oder Coachees an das Vorhan-densein dieser Ressourcen zu erinnern. Das kann in einem Ne-bensatz geschehen oder durch explizites Nachfragen.

Eine sehr bekannte Methode zur Aktivierung von Ressourcen stammt von Virginia Satir: »*Du als reifer erwachsener Mann /*

Methode zur Res-sourcenaktivierung

Frau ...«: Mit diesem Satzanfang erinnern Sie den Gesprächspartner daran, dass er schon einige schwierige Situationen in
seinem Leben bewältigt hat und nun einem Problem nicht ganz
so hilflos gegenübersteht, wie er im Moment glaubt. Auch Steve
de Shazers Strategie, nach Ausnahmen zu suchen *(siehe Tool 4)*,
verfolgt dieses Ziel: Die Aufmerksamkeit wird vom defizitären
Verhalten abgezogen und auf erfolgreiches Verhalten fokussiert.
So ist der Zugang zu den Ressourcen wieder möglich. Der Coachee hat die Möglichkeit, auf seine Ressourcen zuzugreifen und
eine Lösung zu entwickeln.

Anwendung

In einem Coaching können Sie sich darüber hinaus auf konkrete
Geschichten beziehen, die der Coachee in einer früheren Sitzung
erzählt hat: *»Sie haben einmal darüber berichtet, dass es Ihnen
oft ganz leicht fällt, Ihren Töchtern gegenüber humorvoll und
gelassen zu bleiben, wenn diese versuchen, Sie aus der Reserve
zu locken. Vielleicht wäre das ja auch eine erfolgreiche Strategie
für Sie im Umgang mit der nervigen Kollegin?«*

Coaching-Beispiel Manchmal müssen Sie dafür etwas ausholen. Beklagt Ihr Coachee
beispielsweise, dass er es aufgegeben hat, mit seinem Chef klar-
zukommen, können Sie ihn nach früheren Erlebnissen befragen:

> ■ **Coach:** »Haben Sie nicht erzählt, dass Sie auch schon als Key-
>   Accounter gearbeitet haben?«
> ■ **Coachee:** »Ja, richtig. Aber was hat das mit meinem Chef zu
>   tun?«
> ■ **Coach:** »Nun ja, als Key-Account-Manager hat man es doch
>   mit vielen verschiedenen Menschen zu tun. Und das sind
>   sicher nicht immer die einfachsten Zeitgenossen. Vielleicht
>   erinnern Sie sich noch, wie Sie den einen oder anderen
>   schwierigen Kunden geknackt haben?«

- **Coachee:** »Na ja, das erforderte schon etwas Geduld und Fingerspitzengefühl.«
- **Coach:** »Erzählen Sie doch mal. Wie genau ist Ihnen das gelungen?«

Der Coach fragt den Coachee hier gezielt in einen ressourcevollen Zustand hinein – und stellt im Lauf des Dialogs schließlich die Transferfrage:

Er fragt danach, wie der Coachee die nun sehr genau beschriebene Fähigkeit auf die aktuelle Situation übertragen kann.

Weitere Anwendungsmöglichkeiten in Beratung, Training und Coaching

Sie sollten jede Gelegenheit im Training und in Workshops aufgreifen, um Ressourcen zu aktivieren. Sprechen Sie immer Situationen an, in denen Ihr Gesprächspartner eine schwierige Herausforderung gemeistert hat. Arbeiten Sie heraus, wie er dies geschafft hat. Allerdings: Wenn Sie ein negatives Erlebnis nur schönzeichnen, ist dies kontraproduktiv.

In einem Verkaufsworkshop könnten Sie zunächst die Aufgabe stellen, darüber nachzudenken, mit welchen Strategien bisher schwierige Kunden »geknackt« wurden. Diese kleine Gruppenarbeit ist meistens sehr aufbauend, weil die Teilnehmer ihre Erfolgserlebnisse austauschen. Dann erfolgt der Transfer auf die aktuell schwierige Herausforderung mit Problemkunden. Die Teilnehmer begegnen diesen Fällen nun mit einer ganz anderen Motivation und Zuversicht. Grundsätzlich ist die Kleingruppenarbeit eine Möglichkeit zur Ressourcenaktivierung.

Transfer auf schwierige Herausforderungen

TOOL 31 ROLLENSPIELE MIT UND OHNE ROLLENTAUSCH

Ziel

Drei Grundlagen Ziel der Rollenspiele ist es, aus verhaltenstherapeutischer Sicht diagnostischen Aufschluss zu erreichen: Eine Situation wird nachgespielt, damit der Coach oder Trainer versteht, was genau passiert ist. Zum anderen werden Rollenspiele in der Verhaltenstherapie wie im Psychodrama und in der Gestalttherapie dazu eingesetzt, neue Verhaltensmöglichkeiten zu erproben.

Beschreibung

Varianten Das Rollenspiel findet sich in der Regel in drei verschiedenen Varianten wieder:

- *Rollenspiel mit Fallinhaber:* Beim Rollenspiel schildert ein »Fallinhaber« eine Situation. Die anderen Teilnehmer dürfen so lange Fragen stellen, bis sie genau verstanden haben, wie die Situation war. Dann wird die Situation im Seminarraum nachgespielt. Der Fallinhaber kann so herausfinden, was in der besagten Situation schiefgelaufen ist. Der Fallinhaber kann am Rollenspiel teilnehmen. Es hat aber auch Vorteile, wenn er einfach nur zuschaut.
- *Lösungssuche:* Mit einer anderen Form des Rollenspiels kann für eine schwierige Situation eine Lösung gesucht und oft auch gefunden werden. Ein Beispiel, das mehrere Teilnehmer eingebracht haben, kann so bearbeitet werden. Für dieses Beispiel werden in kleinen Gruppen Handlungsoptionen erarbeitet. Die kleinen Gruppen stellen dann mittels eines Rollenspiels ihre Lösung vor.
- *Rollenspiel als Übung:* In vielen Seminaren bringt der Trainer auch ausgearbeitete Rollenspiele mit, bei denen die Teilnehmer neu erlernte Fähigkeiten direkt umsetzen und erproben können. An einem fremden Fallbeispiel

werden zunächst einige Möglichkeiten erprobt. Erst dann erfolgt der Transfer auf die eigenen Fallbeispiele.

Das Rollenspiel mit einem *Rollentausch* ist eine besondere Variante. Beim Rollentausch spielt der Probleminhaber zunächst seine eigene Rolle und sieht, wie sein »Spiel-Gegenüber« auf ihn reagiert. Um zu verstehen, wie sich der andere fühlt, werden nun die Rollen getauscht. Der Seminarteilnehmer, der das Thema eingebracht hat, spielt nun sein eigenes Gegenüber. Er selbst wird von einem anderen Teilnehmer dargestellt. Wenn der »Protagonist« – wie ihn Levy Moreno im Psychodrama nennt – eine Idee für eine alternative Vorgehensweise gefunden hat, dann kann er in der Rolle des Gegenübers auch erproben, wie diese ankommt. **Rollenspiel mit Rollentausch**

Mit dieser Methode kommt der Teilnehmer in die zweite Position (Du-Perspektive) und erweitert so seine Perspektive von der Situation. Durch das Verstehen der zweiten Position kann das eigene Handeln reflektiert und neu bewertet werden *(siehe dazu Tool 45, Wahrnehmungspositionen wechseln. Dort wird jene »zweite Position« näher erläutert).*

Anwendung

In einem Führungstraining ergibt sich ein Thema, das alle Beteiligten interessant finden. Ein Teilnehmer schildert seine Situation mit einem Mitarbeiter stellvertretend für die andern. Die anderen Teilnehmer haben diese Situation auch schon öfter erlebt und möchten gerne neue Lösungswege kennenlernen. Es wird gemeinsam eine Situation entwickelt, an der gearbeitet werden soll. Durch ein Rollenspiel wird die Problemlage veranschaulicht.

Der Teilnehmer, der das Problem eingebracht hat, spielt die Führungskraft, ein anderer seinen Mitarbeiter. Es geht in diesem ersten Rollenspiel nun darum, die Ist-Situation transparent und verstehbar zu machen. **Beispiel aus Führungstraining**

Nach diesem ersten Rollenspiel wird die Vorgehensweise der Führungskraft kritisch betrachtet. Die Führungskraft erhält ein Feedback, und es werden in kleinen Gruppen alternative Handlungsmöglichkeiten entwickelt. Diese Alternativen werden als Rollenspiele dargestellt. Die Gruppe diskutiert die Vor- und Nachteile der verschiedenen Möglichkeiten.

Jeder Teilnehmer erhält im Anschluss noch einmal Zeit, um seine eigene Strategie auszuwählen und zu notieren: Wie möchte er persönlich in Zukunft dieser Situation begegnen? Welche Handlungsoptionen erscheinen ihm geeignet?

Weitere Anwendungsmöglichkeiten in Beratung, Training und Coaching

Die klassische Anwendung im Kontext »Training« ist: Ein Trainer erklärt im Verkaufstraining die Methode der Einwandbehandlung. Nach Abschluss verteilt er Rollenbeschreibungen für ein Rollenspiel, in dem die Seminarteilnehmer im Gespräch mit fiktiven Kunden die Einwandbehandlung trainieren sollen. Ein Seminarteilnehmer spielt den Verkäufer und erprobt seine neuen Fähigkeiten in der Einwandbehandlung. Ein anderer Seminarteilnehmer spielt den Kunden und verhält sich so wie in seiner Rolle beschrieben. In der Regel wechseln sich hier »nette« und »schwierige« Kunden ab.

Einsatz im Coaching Die Seminargruppe beobachtet das Geschehen und gibt dem »Verkäufer« ein Feedback. Das Rollenspiel kann auch auf Video aufgenommen werden, damit der Teilnehmer, der den Verkäufer gespielt hat, sich aus neutraler Perspektive beim Handeln noch einmal zusehen kann. Im zweiten Schritt werden gemeinsam alternative Handlungsvorschläge für den Verkäufer entwickelt. Diese werden wieder im Rollenspiel erprobt. Der Verkäufer wechselt nun in die Rolle des Kunden, um aus der anderen Perspektive neue Ideen zu entwickeln.

Das Rollenspiel können Sie auch im Coaching einsetzen, etwa beim Probehandeln. In der Regel baut in einem Coaching ein Rollenspiel weniger auf der genauen Anleitung durch den Coach auf. Vielmehr schildert der Coachee etwa ein Problem aus seiner Sicht, und aus diesem werden einzelne Sequenzen in ein Rollenspiel umgesetzt. Hier geht es oft um genaue Formulierungen, um transportierte Gefühle und um Haltungen. Ein Coach kann im Gegensatz zum Trainer in einem Rollenspiel sehr viel stärker auf die persönliche Ebene abheben und detailliert Feedback geben.

TOOL 32 SELBSTWIRKSAMKEIT

Ziel

Das Tool stammt aus der sozialen Lerntheorie (nach Albert Bandura) und wird im Rahmen der Kognitiven Verhaltenstherapie genutzt. Ziel ist es, die Selbstwirksamkeit einer Person zu unterstützen und zu fördern.

Grundlage: Kognitive Verhaltenstherapie

Beschreibung

Selbstwirksamkeit beschreibt den Glauben an die eigene Kraft, etwas zu können und / oder zu schaffen. Der Sozialpsychologe Bandura nannte diese Kraft Self-efficacy. Wichtig ist es also, nicht nur ein Ziel zu haben. Entscheidend für die erfolgreiche Erreichung dieses Ziels ist der Glaube an die eigene Kraft, dieses Ziel erreichen zu können. Diese konkrete Zuversicht wird durch ein positives Selbstwert- und Lebensgefühl gestützt.

Zur Selbstwirksamkeit gehört aber nicht nur der Glaube an die eigene Kraft, sondern auch die Fähigkeit zur Disziplin und die Fähigkeit, Dinge zu Ende zu bringen. Ein Baustein ist die Über-

Glauben an eigene Kraft und Selbstdisziplin

windung von Schwierigkeiten und die nötige Frustrationstoleranz, wenn die Dinge nicht so laufen, wie man es sich wünscht. Neben dem bloßen Willen ist auch eine gewisse »mentale Disziplin« notwendig.

Das Gefühl, dass man selbstwirksam ist, speist sich nach Bandura aus vier Quellen:

1. Eigene erfolgreiche Handlungserfahrungen: Wann habe ich was wie geschafft?
2. Stellvertretende Erfahrungen durch die Handlungen anderer: Was kann ich mir abschauen?
3. Symbolische und sprachliche Erfahrungen, etwa Lob und Anerkennung oder Selbstinstruktionen, die anspornen.
4. Die richtige Interpretation von Emotionen – zum Beispiel ist es völlig normal, in einem Bewerbungsgespräch aufgeregt zu sein.

Anwendung

Beispiel aus einem Coaching

Die grundsätzliche und einfache Anwendbarkeit dieser vier Prinzipien in Beratung, Training und Coaching liegt auf der Hand. In einem Coaching achten Sie als Coach besonders darauf, wie Sie die Selbstwirksamkeit eines Coachees unterstützen können. Hilfreich sind hier wieder gezielte Fragen und unterstützende Kommentare. Die eigenen erfolgreichen Handlungserfahrungen können Sie mit folgenden Fragen unterstützen:

- Erinnern Sie sich bitte an eine ähnliche Situation. Was haben Sie damals erfolgreich getan?
- Über welche Stärken verfügen Sie?
- Was fällt Ihnen leicht?

Stellvertretende Erfahrungen können Sie durch die folgenden Fragen aktivieren:

- Kennen Sie eine Person, die Ihrer Meinung nach in solchen Situationen die Ruhe bewahrt und angemessen reagiert?
- Was gefällt Ihnen besonders an der Reaktionsweise dieser Person?
- Was davon könnten Sie in Ihr eigenes Repertoire übernehmen?

Symbolische und sprachliche Erfahrungen bringen Sie mit diesen Fragen wieder ins Bewusstsein:

Entscheidend: richtig fragen

- Als Sie das letzte Projekt erfolgreich abgeschlossen haben: Was haben Sie da zu sich gesagt?
- Was hat Ihr Chef gesagt? Ihre Kunden? Ihre Kollegen?

Die Interpretation von Emotionen sollte zunächst abgefragt werden, um dann nach und nach an der Wunschvorstellung ausgerichtet zu werden:

- Wie fühlen Sie sich in dieser kniffeligen Situation?
- Wie angemessen erleben Sie Ihre Gefühle?
- Wie würden Sie sich gerne fühlen?
- Was müsste geschehen, damit Sie sich so fühlen können?

Selbstwirksamkeitsfragen stehen nicht für sich, sondern können mit fast jedem anderen Tool kombiniert werden. Wichtig ist, dass Sie sich und Ihrem Gesprächspartner immer wieder vergegenwärtigen, dass ein Ziel alleine noch keinen Erfolg ausmacht. Man muss es sich auch zutrauen, dieses Ziel zu erreichen.

Weitere Anwendungsmöglichkeiten in Beratung, Training und Coaching

Die Selbstwirksamkeit hat in Beratung und Training ihren festen Platz. Mit den entsprechenden Fragen können Sie auf Situationen hinlenken, in denen etwa Ihre Seminarteilnehmer erfolgreich Ressourcen genutzt haben.

Aufmunterung und Lob Sie selbst können die Selbstwirksamkeit durch gezielte Anerkennung aufrechterhalten und weiter ausbauen. Das gelingt in jedem Setting. Auch können positive und aufmunternde Sätze trainiert werden, die sich ein Teilnehmer etwa eines Rhetorik-Seminars vor dem Auftritt sagen kann, um zum Beispiel sein Lampenfieber in den Griff zu bekommen.

Die Selbstwirksamkeit ist eng verbunden mit dem Konzept der Glaubenssätze. Wenn ein Teilnehmer nicht glaubt, dass er in der Lage ist, eine gute Rede zu halten, wenn er keine positive Selbstwirksamkeitserwartung hat, dann wirkt sich das sofort auf die Redeleistung aus. Hier können Sie in einem Einzelgespräch auf die »Hot Cognitions« *(siehe Tool 13)* hinweisen.

TOOL 33 SKALIERUNGSFRAGEN

Ziel

Grundlage: Systemische Therapie, Lösungsorientierter Ansatz Skalierungsfragen werden im Lösungsorientierten Ansatz (nach Steve de Shazer) eingesetzt, um den Klienten zu einer Selbsteinschätzung seiner derzeitigen Situation zu bewegen. Darüber hinaus wird mit Skalierungsfragen das Ziel bestimmt und nach Ressourcen gesucht, die auf dem Weg zum Ziel hilfreich sein können.

Beschreibung

Da in westlichen Industrienationen fortschreitende Prozesse immer wieder durch Zahlen beschrieben werden, können die meisten Coachees und Seminarteilnehmer mit Skalierungen sehr gut umgehen. Für den Berater wie für den Ratsuchenden wird hier ohne viele Worte deutlich, wo sich der Klient mit seiner schwierigen Situation befindet und wie es weitergehen kann.

Auf einer Skala von null bis zehn trägt der Klient sein Ziel bei »zehn« ein *(oft ermittelt mit Hilfe der Wunderfragen, siehe Tool 47)*. Bei der »null« notiert er das Gegenteil davon. Nach der Skalierungsfrage *»Wo befinden Sie sich hinsichtlich der Zielerreichung?«* platziert Ihr Gesprächspartner den gegenwärtigen Stand bei einer Zahl seiner Wahl. Ihr Klient erkennt so genau, was er schon geschafft hat und wo er sich auf dem Weg zum Ziel befindet. Er kann seine Fortschritte bewerten und weitere Schritte auf dem Weg zum Ziel planen. Darüber hinaus fordert ihn die Skalierung dazu auf, einen Veränderungsprozess zu starten. Denn durch sie baut Ihr Klient eine Erwartungshaltung an sich selbst auf, da er über den Aufstieg in der Skala nachdenkt.

Skalierung durchführen

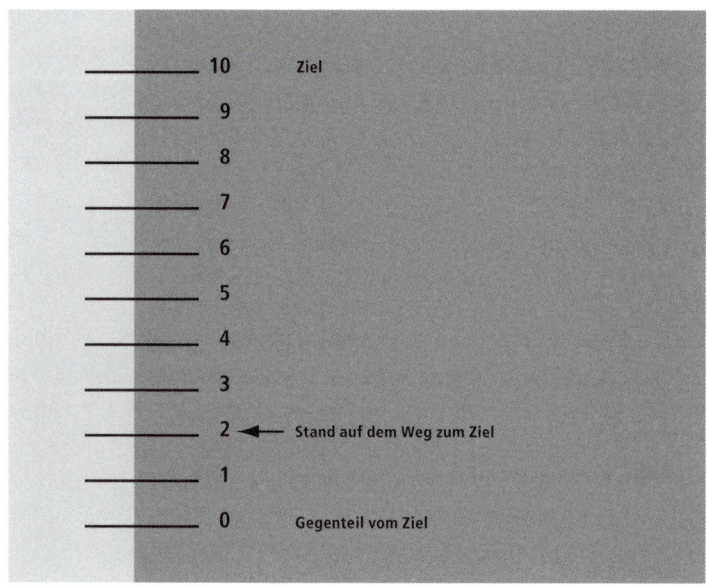

10   Ziel

9

8

7

6

5

4

3

2 ← Stand auf dem Weg zum Ziel

1

0   Gegenteil vom Ziel

Wichtige Fragen für die Skalierung sind:

- Wie genau sieht Ihr Ziel aus?
- Wie sieht das Gegenteil von Ihrem Ziel aus?
- Wo stehen Sie jetzt?
- Wie kommt es, dass Sie nicht bei null stehen?
- Was haben Sie gemacht?
- Welche von diesen Fähigkeiten dienen dazu, auf der Skala weiter voranzukommen?

Diese und andere Fragen begleiten den Prozess bei der Skalierungsarbeit. Sie kann in vielfältigen Kontexten eingesetzt werden und unterstützt das konsequente Entwickeln von Lösungen.

Anwendung

Beispiel In einem Coaching formuliert der Coachee ein Problem, zu dem er eine Lösung sucht. Der Coach fordert den Coachee zum Beispiel dazu auf, seine Zielvorstellung für die geschilderte Situation auf der Skala darzustellen. Der Coachee formuliert noch einmal das gewünschte Zielverhalten und schreibt dieses in Stichworten an die Zehn. Bei der Null trägt er das Gegenteil ein. Danach bittet der Coach den Coachee, seine derzeitige Situation auf der Skala zu kennzeichnen: » *Wo stehen Sie im Moment?* «

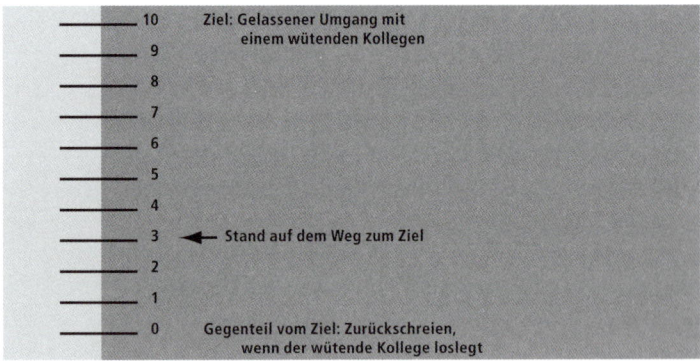

Der Coachee hat also die »Drei« wählt. Nun hat der Coach Anhaltspunkte, um mit folgenden Fragen fortzufahren:

- Wie kommt es, dass Sie schon auf der Drei und nicht auf der Null sind? Was ist der Unterschied?
- Was müssten Sie tun, um von der Drei auf die Vier zu kommen?
- Woran würden andere Personen in Ihrem Umfeld erkennen, dass Sie nicht mehr auf der Drei, sondern auf der Vier sind?
- Wie genau würde es sich anfühlen, wenn Sie schon auf der Vier oder gar der Fünf wären?

Anhand der Antworten auf diese Fragen wird ein Weg erarbeitet, um in der Skala nach oben zu gelangen. Die eigentliche Arbeit liegt hier beim Coachee, der vor allem aus seinem Erfolg, bereits bei Drei oder Vier zu stehen, die Motivation schöpft, weiter nach oben zu kommen. Er muss nun dazu die entsprechenden Ideen entwickeln. Möglicherweise vertritt er die Auffassung, nur bis zur Fünf gelangen zu können. Diese Auffassung kann der Coach hinterfragen, um herauszufinden, ob die Fähigkeiten des Coachees nicht doch höher liegen. Vielleicht reicht die Fünf aber aus, um die Situation bewältigen zu können. Die Zehn bleibt zwar als Ziel bestehen, aber nicht alle Ziele können auch erreicht werden.

Auf der Skala nach oben arbeiten

Weitere Anwendungsmöglichkeiten in Beratung, Training und Coaching

Skalierungsfragen können in Trainings und Seminaren Anwendung finden. Beispielsweise können Kleingruppen anhand einer Skala eine gemeinschaftliche Einschätzung einer Situation festlegen. Wenn zum Beispiel in einem Teambuilding-Seminar die bisherigen Teamregeln überprüft werden sollen, können Sie folgende Anweisung geben: »*Bitte setzen Sie sich nun in Vierergruppen zusammen und lesen Sie gemeinsam Ihre vor einem Jahr festgelegten Teamregeln durch. Bewerten Sie nun auf fol-*

Einsatzbereich »Teambuilding«

gender Skala, inwieweit die Teamregeln in diesem Jahr einge-
halten wurden, wobei die Null verdeutlicht, dass die Teamre-
geln von keinem Teammitglied zu keinem Zeitpunkt eingehalten
wurden. Die Zehn steht für das genaue Gegenteil, nämlich, dass
die Teamregeln von allen Teammitgliedern zu jedem Zeitpunkt
eingehalten wurden. Diskutieren Sie und einigen Sie sich auf ein
Ergebnis.«

Danach vergleichen die Gruppen ihre Einschätzungen. Im weiteren Verlauf kann das Team seine Zielsetzung für die Zukunft
festlegen und Maßnahmen erarbeiten, die zur Zielerreichung
führen.

TOOL 34 SKRIPTE

Ziel

Grundlage: Transaktionsanalyse

Die Arbeit mit Skripten aus der Transaktionsanalyse hat das Ziel,
unterschiedliche Vorstellungen über Arbeitsabläufe miteinander
in Einklang zu bringen und damit Konflikten vorzubeugen.

Beschreibung

Skripte steuern unser Tun. Wenn Sie eine Aufgabe anpacken,
dann haben Sie in der Regel eine genaue Vorstellung davon, in
welchen Schritten diese Aufgabe am besten erfüllt werden kann.
Diese Vorstellung von einem Ablauf nennt man Skript.

Das »Restaurant«- Skript

Bekannt geworden ist aus der psychologischen Forschung das
sogenannte »Restaurant-Skript«: Wenn Sie ein Restaurant besu-
chen, haben Sie eine feste Vorstellung von dem Ablauf: Lokal betreten, Mantel aufhängen, Platz wählen … Schon an dieser Stelle

bekäme man in einem amerikanischen Restaurant Probleme. Hier würde man nach dem Reinkommen zuerst abwarten, bis man einen Platz zugewiesen bekommt.

In der Transaktionsanalyse wurde diese Theorie auf das ganze Leben übertragen. Genau wie für jeden Spielfilm ein ausgefeiltes Skript besteht, verfügt jeder Mensch über ein Lebensskript. Dieses Lebensskript ist gerade im Coaching häufig Thema: In einem Einzelcoaching etwa ist das Ziel bei der Arbeit mit Skripten, Klarheit über unbewusst steuernde Skripte zu erhalten. Diese sollen bewusst gemacht und so auch verändert werden können. In einem Teamcoaching geht es eher darum, die Skripte, die jeder Einzelne zum Thema Zusammenarbeit mitbringt, quasi »übereinanderzulegen«. So werden Erwartungen und Wünsche an die andere Seite deutlich, und es kann eine neue Basis zur Zusammenarbeit geschaffen werden.

Anwendung

Sie können das Tool etwa in einem Teamworkshop, in dem es um eine Projektarbeit geht, einsetzen – besonders dann, wenn die Abstimmung für eine gemeinsame Vorgehensweise schwierig erscheint. Als Trainer oder Workshopleiter bitten Sie Ihre Teilnehmer, ihren Lieblingsablauf zu notieren, also ein Skript zu erstellen:

- Wie würden Sie am liebsten das Projekt angehen? Welcher Schritt wäre der erste?
- Skizzieren Sie bitte alle weiteren Schritte.
- Was ist beim Projektabschluss Ihrer Meinung nach besonders wichtig?

Nach der Einzelarbeit lassen Sie immer zwei Personen ihre Aufzeichnungen vergleichen. Gemeinsamkeiten sollen festgehalten, Unterschiede diskutiert werden. Ziel ist es, eine gemeinsame

Einsatz im Teamworkshop

Vorgehensweise aus der Diskussion heraus zu entwickeln. Das Team entwickelt ein gemeinsames Skript, das visualisiert und nochmals besprochen werden kann.

Eine Alternative besteht darin, dass sich immer zwei Personen dieser Gruppe miteinander austauschen und versuchen, ihre persönlichen Skripte zu einem zu verschmelzen. Dann gehen zwei Viertergruppen aufeinander zu und erstellen wiederum ein gemeinsames Skript, bis sich das gesamte Team auf eine Vorgehensweise geeinigt hat *(vgl. auch das Tool 49, Zielfusion).*

Dieses Tool hat sich als sehr effektiv erwiesen. Es ist einer freien Diskussion haushoch überlegen. Innerhalb kürzester Zeit entstehen fast fertige Projektpläne, die im Konsens umgesetzt werden können.

Weitere Anwendungsmöglichkeiten in Beratung, Training und Coaching

Lebensskripte schreiben

Im Coaching geht es oft um das Lebensskript. Zum einen werden Ereignisse thematisiert, die in der Zukunft anstehen, in der Regel die Karriereplanung. Andererseits geht es um fest geplante Ereignisse, die nicht eingetreten sind: sogenannte Nichtereignisse. Diese Nichtereignisse können nachhaltige Krisen auslösen. Beispielsweise hat jeder Mensch eine Vorstellung davon, welche Stufe er einmal gerne auf der Karriereleiter erreichen möchte. Durch die Change-Prozesse in den Unternehmen ist es immer schwieriger, geradlinige Karrierewege vorauszuplanen. Ziele, die sich jemand einmal gesetzt hat, können nicht erreicht werden. Das führt zu Unzufriedenheit. Ein bewusstes Umschreiben des Berufsskriptes in einem Coaching leistet hier wertvolle Hilfe.

TOOL 35 SOKRATISCHER DIALOG

Ziel

Dieses Tool aus der Rational-Emotiven Therapie (RET) hat das Ziel, den Coachee erkennen zu lassen, dass er irrationale Gedanken hat. Er soll in die Lage versetzt werden, seine Gedankengänge auf rationalere Füße zu stellen.

Grundlage: Rational-Emotive Therapie

Beschreibung

Mit dem Sokratischen Dialog können Sie durch logische Fragen herausfinden, ob Ihr Coachee unrealistische Ansprüche und Wünsche hat. Werden diese unrealistischen Ansprüche nicht erfüllt, erlebt der Coachee dies als Problem. Wird ihm im Sokratischen Dialog bewusst, dass seine Ansprüche und Wünsche überzogen sind, kann er von diesen Abstand nehmen, realistische Ansprüche und Wünsche formulieren und so seinen Alltag weniger problemorientiert gestalten. Ansprüche und Wünsche müssen bei diesem Tool der Realität entsprechen. Der Coach tritt hier gewissermaßen als »Lehrer« auf und erklärt seinem Coachee die RET-Hauptregeln.

Der Begründer der RET, Albert Ellis, hat es so ausgedrückt: »Es wäre besser, wenn wir das, was in der Welt geschieht, als ›Realität‹ akzeptieren, selbst wenn es uns nicht gefällt und wir es ändern wollen. Wir beobachten und überprüfen ständig ›Fakten‹, um zu sehen, ob sie noch ›wahr‹ sind oder ob sie sich geändert haben. … Wissenschaft ist flexibel und undogmatisch. Sie ist skeptisch gegenüber Ideen, die etwas als absolut, unbedingt oder garantiert wahr annehmen. Sie überprüft und verändert ihre Theorien, wenn neue Informationen vorliegen.« (Ellis 1990, S. 41 ff.)

Die RET-Definition

In einem Dialog versuchen Sie zunächst einmal zu ermitteln, welche Überzeugungen Ihr Coachee mit sich herumträgt. Haben

Dialog aufbauen

Sie diese identifiziert, dann helfen nach Ellis folgende Fragen, eine wissenschaftliche Analyse in Form des Sokratischen Dialogs einzuleiten:

- Ist diese Überzeugung, die Sie schildern, realistisch?
- Entspricht diese Überzeugung den Tatsachen?
- Ist diese Überzeugung logisch und flexibel?
- Kann diese Überzeugung widerlegt werden?
- Ist es logisch, dass ich ... erreichen muss?
- Beweist diese Überzeugung, dass Sie es verdienen, ... zu sein?

Der Coach hinterfragt also alle Hypothesen des Coachees und überprüft sie auf ihren Realitätsgehalt.

Anwendung

Wenn ein Coachee einen Wunsch formuliert, der Ihrer Meinung nach Hot Cognitions *(siehe Tool 13)* in Form von Muss-Vorstellungen enthält, kann ein Sokratischer Dialog hilfreich sein, zum Beispiel: *»Ich muss immer kompetent handeln, sonst werde ich nicht als Autorität wahrgenommen.«* Anhand der sokratischen Fragen prüfen Sie nun gemeinsam mit Ihrem Coachee, inwiefern seine Annahme Bestand hat:

Dialog mit Fragen vorantreiben

- Ist diese Überzeugung realistisch? Da der Coachee ein Mensch ist, ist er auch fehlbar. Es ist einem menschlichen Wesen aus wissenschaftlicher Sicht nicht möglich, immer und ohne Ausnahme kompetent zu handeln. Die Wahrnehmung des Coachees durch andere Personen ist außerdem nicht steuerbar.
- Ist diese Überzeugung flexibel? Diese Überzeugung ist starr formuliert und zeigt keine Flexibilität.

- Kann diese Überzeugung widerlegt werden? Es ist beweisbar, dass keine Person immer kompetent handeln oder als Autorität wahrgenommen werden muss.
- Beweist diese Überzeugung, dass es der Coachee verdient, immer kompetent zu sein? Man kann zwar annehmen, dass man kompetent handelt, weil man intelligent ist. Normalerweise wird man dann auch kompetent sein und als Autorität wahrgenommen. Aber nur, weil man hart arbeitet und kompetent auftreten will, ist es nicht automatisch gegeben, dass man als Autorität wahrgenommen wird.

Nach diesem Sokratischen Nachfragen entspannen sich die Coachees oft und bemerken, dass sie selbst sehr hohe, mithin zu hohe Anforderungen an sich selbst gestellt haben. Sie können dann lernen, viele Dinge im Leben etwas gelassener zu sehen. Der selbstauferlegte Druck lässt nach, neue Energien und Ressourcen werden freigesetzt.

Weitere Anwendungsmöglichkeiten in Beratung, Training und Coaching

Im Training oder in Workshop-Situationen kann es hilfreich sein, Selbstverständlichkeiten zu hinterfragen, also etwa Auffassungen, die von der ganzen Gruppe geteilt werden. Manchmal bewirkt die einfache Frage *»Ist das logisch?«* schon Wunder. Gerade dann, wenn sich die Gruppe über schlechte Führung beklagt, über unfaire Kunden unglücklich ist oder sich der harten Konkurrenz am Markt nicht gewachsen fühlt, kann es die Augen öffnen, einen Sokratischen Dialog einzuschieben und mit der Gruppe gemeinsam zu erarbeiten, wie es um die Dinge steht. Dann geht es darum, zu entscheiden, welche Aspekte, Rahmenbedingungen und Gegebenheiten verändert werden können und welche nicht – und dann entsprechend zu handeln.

»Ist das logisch?«

TOOL 36 SPIELE

Ziel

Grundlage:
Transaktionsanalyse

Ziel dieses Tools aus der Transaktionsanalyse ist es, die gesetz-mäßigen Dynamiken transparent zu machen, die in einem Bezie-hungsgeflecht entstehen können, das als »Spiel« bezeichnet wird. Gelingt dies, können destruktive »Spiele« etwa in konstruktive Dialoge umgewandelt werden.

Beschreibung

»Spiele der
Erwachsenen«

In seinem Buch »Spiele der Erwachsenen« beschreibt Eric Berne, was er unter »Spielen« versteht. Spiele sind demnach Interakti-onen, die fast gesetzmäßig aufeinanderfolgen. Wenn ein »Spiel« eingeleitet wird und der Gesprächspartner es nicht unterbricht, dann nimmt es den vorskizzierten Verlauf. Spiele enden in der Regel mit der Unzufriedenheit der Gesprächsteilnehmer. Berne hat seine Spiele aus allen Lebensbereichen zusammengestellt, um Menschen die dahinterstehende Dynamik zu verdeutlichen – in der Hoffnung, dass es ihnen gelingt, zukünftig vorzeitig aus Spie-len auszusteigen.

Zur Verdeutlichung stelle ich einen Spiele-Klassiker vor, das so-genannte Drama-Dreieck. Es lässt sich mit Hilfe eines Dreiecks sehr plastisch beschreiben:

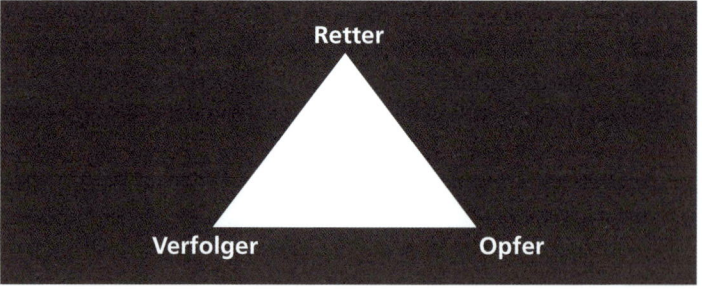

Das Drama-Dreieck funktioniert folgendermaßen: Das Opfer beginnt und bietet sich als Opfer an. Es sucht nach Hilfen für ein Problem. Ein Beispiel: In einer Ehe mit klassischer Rollenverteilung sitzt das Ehepaar an einem Abend noch etwas zusammen. Sie erzählt ihm von dem Tag mit den Kindern und schildert dabei auch ein Problem, das sie mit einem der Kinder hat. Sie schildert ausführlich die Schwierigkeiten und zeigt so, mit welchen Problemen sie konfrontiert ist – und wie sie diese meistert.

Durch die Schilderungen der Ehefrau fühlt sich der Partner in der Rolle des Retters gefragt. Er möchte seiner Frau behilflich sein und ihr unter die Arme greifen. Wohlmeinend macht er Vorschläge, wie sie mit dem Kind zukünftig umgehen sollte.

Die Frau aber wollte sich lediglich mitteilen und Verständnis für das Problem mit dem Kind wecken. Um Ratschläge hat sie nicht gebeten. Darum wechselt sie in die Verfolger-Rolle. Sie wirft dem Partner vor, im Familienleben durch Abwesenheit zu glänzen – und nun nur schlaue Ratschläge erteilen zu wollen. Das akzeptiert sie nicht. Und er weiß nicht, wie ihm geschieht, denn er hat nur – so meint er zumindest – in dem Gespräch die Rolle eingenommen, die von ihm gefordert worden ist.

Die Eheleute wollten hier kein Spiel spielen, sind aber durch die Dynamik des Prozesses in ein solches hineingezogen worden. Gelänge es, den Gesprächspartnern bewusst zu machen, dass sie jenes Spiel spielen, könnten sie das Gespräch schon frühzeitig in konstruktive Bahnen lenken oder es an der richtigen Stelle unterbrechen.

Anwendung

Viele Trainer, Berater und Coachs werden zwar um Rat gefragt, machen jedoch die Erfahrung, dass ihr Rat bei den Ratsuchenden nicht willkommen ist. Gibt etwa ein Berater einen Ratschlag, gibt sich der Klient in der Regel alle Mühe, ihm zu beweisen, dass der Ratschlag nicht funktionieren kann. Das heißt: Hier setzt sich die unheilvolle Dynamik eines »Spiels« in Gang. Dazu ein Beispiel aus der Ernährungsberatung:

- **Klient:** »Ja, der Ernährungsplan, den Sie mir gegeben haben, den kann ich nicht umsetzen!«
- **Berater:** »So?«
- **Klient:** »Ja, wissen Sie – ich habe einen so anstrengenden Tag. Ich komme nur am Abend ein einziges Mal in Ruhe zum Essen, und das mit den fünf kleinen Mahlzeiten kann ich ohnehin vergessen. Wie soll das also gehen? Sie als Ernährungsberater können mir doch sicher einen Tipp geben!«
- **Berater:** »Vielleicht nehmen Sie sich für den Vormittag schon kleine Portionen mit?«
- **Klient:** »In der Früh habe ich keine Zeit für so etwas.«
- **Berater:** »Vielleicht können Sie in der Kantine einen Salat essen?«
- **Klient:** »Ich habe nie Zeit, in die Kantine zu gehen.«
- **Berater:** »Und gibt es im Umfeld ein gutes Restaurant, in dem es Vollwertkost gibt?«
- **Klient:** »Wir sind in einem Industriegebiet. Da steht nur eine Pommesbude.«
- **Berater:** »Tja, das ist schon ganz schön schwierig.«
- **Klient:** »Sehen Sie, deswegen bin ich ja hier. Aber nun können nicht mal Sie mir helfen!«

Der Klient hat sich hier erst als Hilfesuchender, also als »Opfer«, angeboten und lässt den Berater dann gnadenlos auflaufen. Dieser müht sich ab und will »retten«, was nicht gelingt. Im Gegenteil, er erhält nur einen Vorwurf (Verfolger-Rolle) zurück. Sie sollten solche »Fallen« erkennen und das Spiel gekonnt unterbrechen können. Das gelingt mit verschiedenen Methoden *(siehe beispielsweise »Idiotische Ratschläge«, Tool 14).*

Weitere Anwendungsmöglichkeiten in Beratung, Training und Coaching

Wenn in Training und Coaching ein Seminarteilnehmer oder Coachee ein Spiel mit Ihnen spielt, müssen Sie es sofort unterbrechen. Das gilt auch, wenn jemand mit einem anderen Teilnehmer in ein Spiel zu verfallen droht.

TOOL 37 SYSTEMISCHE SKULPTUREN

Ziel

Ziel der Aufstellung nach Virginia Satir (dieses Tool hat nichts mit der Aufstellungsarbeit nach Bert Hellinger zu tun) ist es, dem Ratsuchenden zu ermöglichen, sich von seinem Problem zu distanzieren und eine Außenwahrnehmung zu entwickeln. Diese Distanzierung vom Problem kann dazu beitragen, neue Lösungsmöglichkeiten zu erkennen. Mit dem Heraustreten aus der konfliktreichen Situation kommt der Klient zur Ruhe und lässt aus dieser Position heraus neue Gedanken und Gefühle zu.

Grundlage: Systemische Therapie (Virginia Satir)

Beschreibung

Die Beschreibung des Tools lehnt sich an verschiedene Vorbilder an und orientiert sich in erster Linie an dem, was im Business-Kontext machbar und zielführend ist.

Bei der Aufstellung wird ein beschriebenes Problem mit Hilfe von kleinen Puppen (Playmobil, Handpuppen, Schlümpfe) oder aber auch mit Hilfe der Werkzeuge, die zur Verfügung stehen – wie Kaffeetassen und Zuckerstückchen –, auf dem Tisch arrangiert. Das Arrangement nimmt der Ratsuchende vor. Der

Anlehnung an »Familienskulpturen«

Coach oder Berater wartet ab, bis die Aufstellung abgeschlossen ist. Alternativ geschieht die Aufstellung im Dialog miteinander. Der Coach beginnt beispielsweise und muntert den Coachee auf, mitzumachen. Gemeinsam wird dann eine Szene erstellt, die vom Coachee genau beschrieben und hinterfragt wird. Der Coach hat bei diesem Prozess die Aufgabe, genau zuzuhören und zu hinterfragen.

Im zweiten Schritt geht es darum, den Coachee anzuleiten, Veränderungen in seiner Aufstellung vorzunehmen. Was könnte er wie verschieben, um eine Veränderung hervorrufen zu können? Was müsste er selbst tun? Welche Rahmenbedingungen beeinflussen das Geschehen? Auch hier begleitet der Coach den Coachee mit Fragen. Dafür kann er auf Zirkuläre Fragen zurückgreifen *(siehe Tool 50)*.

Zum Abschluss notiert der Coach kurz die Aufstellung, um bei einem weiteren Termin eventuell an die aktuelle Situation anschließen zu können. Meistens ist das aber gar nicht notwendig. Wenn der Coachee die Puppen oder Kaffeetassen wiedersieht, erinnert er sofort die letzte Situation und erzählt, was in der Zwischenzeit damit passiert ist. Die Situation hat sich dann in der Regel schon fortentwickelt.

Anwendung

Standard im Coaching Dieses Tool gehört zu den Standards im Coaching. Nahezu jede Situation kann in irgendeiner Form aufgestellt und damit visualisiert werden. Ein Beispiel: Eine Führungskraft beklagt sich darüber, dass ihre Mitarbeiter zu passiv sind: Sie organisiere alles für die Mitarbeiter, lade zu interessanten Meetings ein, entwickle kreative Lösungen für schwierigere Probleme – und die Mitarbeiter würden nur abwarten und auf Aufforderung handeln. Die Führungskraft erhält die Aufgabe, eine konkrete Situation nachzustellen. Dabei wählen Sie gemeinsam mit der Führungskraft eine geeignete Situation aus. Dann stellen Sie – zum Beispiel – die folgenden Fragen:

- Was sehen Sie?
- Wie groß ist die Distanz zwischen den Kollegen?
- Wie groß ist die Distanz zwischen Ihnen und den Mitarbeitern?
- Wer schaut wen an?
- Wer hat mit wem welche Verbindung?
- Was passiert, wenn Sie aktiv und kreativ auftreten? Verändert sich dann diese Aufstellung?
- Was passiert, wenn Sie sich zurückhalten? Verändert sich dann die Aufstellung?
- Schauen Sie aus der Perspektive des Mitarbeiters X Ihren Auftritt an. Was empfinden Sie?
- Wählen Sie die Perspektive einer anderen Person. Gibt es Übereinstimmungen?
- Was müsste geschehen, damit dieses Bild sich verändert?
- Erstellen Sie einmal Ihre Idealkonstellation. Welche Veränderungen nehmen Sie vor?

Wichtige Fragen

In der Regel führen die Fragen dazu, dass der Gesprächspartner zu einer Neubewertung der problematischen Situation gelangt und Lösungsmöglichkeiten entdeckt.

Weitere Anwendungsmöglichkeiten in Beratung, Training und Coaching

Mit dieser Form von Aufstellung ist es möglich, im Coaching das innere Team aufzustellen. Ein Coachee kann etwa in einer Situation, in der er eine Entscheidung fällen muss, mit der Aufstellung der inneren Stimmen zu der Situation besser entscheiden, wie eine Lösung aussehen kann. Denn durch das Aufstellen werden die verschiedenen inneren Stimmen bewusst gemacht und können würdigend wahrgenommen werden.

Inneres Team aufstellen

Darüber hinaus lässt sich das Tool in Workshops zur Teamarbeit einsetzen. Beispielsweise kann in kleinen Gruppen das eigene Team aufgestellt und über die Wahrnehmungsunterschiede gesprochen werden.

TOOL 38 TAKE IT EASY

Ziel

Grundlage: Anlehnung an Provokativen Stil

Mit diesem Tool soll ein Gespräch in der Beratung oder im Coaching aufgelockert werden. Das Tool, das von dem Provokativen Stil inspiriert ist, zielt auf Entspannung und Lockerheit; es führt die komische Seite des Lebens vor Augen. Gleichzeitig stellt es Beliefs in Frage.

Beschreibung

Bei diesem Tool versuchen Sie auch ernste Situationen humorvoll zu kommentieren, um den beschriebenen Problemsituationen die Schwere zu nehmen. Sie fokussieren die Situation auf die angenehmen Aspekte, können es mit einem Reframing *(siehe Tool 28)* kombinieren und dem Gesprächspartner helfen, sich von der Problemorientierung zu lösen.

Nicht alles so schwernehmen

Manchmal hilft es auch, den großen Bogen zu spannen und sich zu vergegenwärtigen, dass unsere Lebenssituation insgesamt absurd ist: Wir leben auf einer rotierenden Kugel in einem für uns unüberschaubaren Weltall, durch das wir uns in einem rasanten Tempo bewegen. Wir nehmen viele kleine Dinge viel zu wichtig. Wenn der Fokus auf dem Problem liegt, wächst es und nimmt immer mehr Raum ein. Ein Austreten aus dem Fokus, ein Aufsetzen eines Weitwinkelobjektivs, um das Leben insgesamt oder die Arbeitssituation wieder betrachten zu können, können hier enorm hilfreich sein, die Situation aufzulockern. Zugleich ist es möglich, eine andere Perspektive einzunehmen.

Gelingt es Ihnen, die »Take it easy«-Stimmung zu erzeugen, helfen Sie Ihrem Coachee, sich innerlich entspannen zu können. Er kann seine Probleme etwas lockerer betrachten. Oft hilft der Hinweis, dass wir hier auf dieser Erde nicht eine Ewigkeit an Zeit zur Verfügung haben. Die Tage eines jeden Menschen sind begrenzt und sollten sinnvoll genutzt werden. Diese Tatsache vergessen viele Menschen in ihrem Arbeitsalltag – und darum fokussieren sie sich sehr schnell auf anstrengende Situationen.

Eine humorvolle Lebensauffassung hilft, viele Dinge leichter zu nehmen. Sie unterstützen Ihren Klienten, wenn Sie selbst über sich lachen und die Dinge des Lebens humorvoll betrachten können und auch die schönen Seiten des Lebens betonen.

Anwendung

Anwenden können Sie dieses Tool in Beratung, Training und Coaching. Achten Sie darauf, dass Ihr Gegenüber Ihre Art von Humor versteht und in der Lage ist, die »andere Seite seines Problems« erkennen und nutzen zu können.

Versuchen Sie gleich zu Beginn eines Trainings, Coachings oder einer Beratungssituation auf verschiedene Dinge humorvoll zu reagieren, sodass Ihr Gesprächspartner gleich darauf eingestellt ist und nicht von einem Ihrer plötzlichen »Humoranfälle« überrascht wird. Humor als Technik zu nutzen, funktioniert in der Regel nicht. Überzeugender wirkt es, wenn Sie Ihren Humor als Lebenseinstellung präsentieren. So fungieren Sie gleichzeitig als

Humorvoll reagieren

Vorbild: »*Schau, man kann das Ganze auch mit Humor nehmen!*«

Beispiele Kleine Sequenzen wie die folgende – das Beispiel entstammt einem Ernährungsberatungsgespräch in einer psychosomatischen Klinik – können dem Gespräch von Anfang an die Schwere nehmen und es in eine positive Richtung lenken:

- **Berater:** »Wie geht es Ihnen?«
- **Klient:** »Na ja, hier so in einer Klinik …«
- **Berater:** »Ist nicht gerade ein Hotel, was? Die Zimmermädchen sind hier so aufsässig.«
- **Klient** (lacht): »Stimmt! Nee, es gibt schönere Orte.«

Sie sehen: Es geht gar nicht darum, den einzigartigen Witz zu reißen. Es geht vielmehr darum, die Kleinigkeiten des Lebens humorvoll zu betrachten. So ist es möglich, entspannter und lockerer mit schwierigen Situationen umzugehen.

Nehmen wir ein zweites Beispiel: Eine Klientin hat ihr Problem sehr undeutlich geschildert. Der Coach bittet um ein Beispiel:

- **Coach:** »Was meinen Sie genau? Möchten Sie mir ein Beispiel nennen?«
- **Klientin:** »Heute ist es mir gleich zweimal passiert. Als ich ankam, sagte der Kollege sofort: ›Na, Schätzchen, was machst du heute für ein dummes Gesicht?‹ Das fand ich ziemlich daneben.«
- **Coach:** »Nicht gerade nett von dem jungen Mann. Haben Sie denn ein dummes Gesicht gemacht?«
- **Klientin** (lacht): »Keine Ahnung.«

Das humorvolle Vorgehen lebt davon, dass man unerwartet reagiert. Normalerweise erwartet ein Coachee nicht, dass der Coach ihn fragt, ob er denn tatsächlich ein »dummes Gesicht« gemacht habe. Der Coachee sucht Lösungswege, verharrt aber gleichsam in seiner Auffassung, dass diese Art von »Sprücheklopfen« – wie es der Kollege an den Tag gelegt hat – unmöglich ist, und unterstellt, der Coach teile seine Meinung. Durch die unerwartete Wendung im Gespräch ergeben sich auch neue Möglichkeiten für eine Lösung.

Weitere Anwendungsmöglichkeiten in Beratung, Training und Coaching

»Take it easy« kann fast immer angewendet werden. Am wichtigsten ist es, die entsprechende Haltung zu leben und sie bereits möglichst frühzeitig in einem Kontakt anzuwenden. Reagiert der Trainer erst am zweiten Seminartag mit Humor, werden sich die Teilnehmer über seinen Sinneswandel vielleicht wundern. Häufig verfehlt das Tool dann seine Wirkung.

Die Haltung »leben«

TOOL 39 · TUN SIE ETWAS ANDERES!

Ziel

Dieses Tool aus der Lösungsorientierten Therapie hat das Ziel, eine Person dazu zu bringen, nicht immer nur auf ihre gewohnte Art zu reagieren. Es sollen neue Verhaltensweisen ausprobiert werden, die neue Ergebnisse nach sich ziehen. Das bisher etablierte Muster soll durchbrochen werden.

Grundlage: Systemische Therapie, Lösungsorientierter Ansatz

Beschreibung

Dieses Tool kann vor allem dann angewendet werden, wenn die Problembeschreibung sehr diffus ist und immer wieder beteuert wird, dass »alles« schon versucht wurde. Die allgemeine Anweisung » *Tun Sie etwas anderes!* « hat hier schon hypnotischen Charakter, da Sie als Berater oder Coach nicht spezifizieren, was genau anders getan werden soll. Dieses Tool eignet sich deswegen auch als Abschlussintervention.

Etwas anderes ausprobieren

Beachten Sie, dass Sie etwa dem Klienten keinesfalls einfach Ideen für ein »anderes Tun« vorgeben sollen. Sie sollen ihn lediglich darauf hinweisen, auch einmal etwas völlig anderes auszuprobieren.

Steve de Shazer berichtet von einem interessanten Fall: Ein zehnjähriger Junge wurde verdächtigt, in die Schule eingebrochen zu sein. Der Junge verweigerte die Aussage vor den Polizisten. Als es nicht gelang, den Jungen dazu zu bewegen, seine Absichten offenzulegen, versuchte der Polizist es mit einem anderen Weg: Er sagte dem Jungen, er würde nun so lange die Luft anhalten, bis der Junge sprechen würde. Daraufhin erklärte der Junge, dass und warum er in die Schule eingedrungen sei.

> **Es scheint keine große Rolle zu spielen, um welches Thema es geht, und es scheint auch unwichtig zu sein, was anders gemacht wird. Wichtig ist nur, dass sich die Handlung von allem unterscheidet, was bisher versucht wurde. Allerdings muss sie zur Situation passen.**

Anwendung

Im Coaching kann dieses Tool sehr gut Anwendung finden. Ein Beispiel: Eine Führungskraft beklagt sich darüber, dass einer ihrer Mitarbeiter in letzter Zeit deutlich an Leistung nachgelassen habe, aber auch auf intensives Nachfragen keine schlüssige Erklärung dafür liefern könne. Die Führungskraft vermutet private Probleme und hat den Eindruck, dass der Mitarbeiter traurig sei. Nun will sie vom Coach wissen, was sie tun könne, denn inzwischen ginge ihr der Mitarbeiter aus dem Weg und die Leistung ließe auch wegen der mangelnden Absprachen zu wünschen übrig.

Der Coach kann nun die Empfehlung *»Tun Sie etwas anderes!«* folgendermaßen aussprechen: *»Überlegen Sie zunächst, welches Verhalten der Mitarbeiter von Ihnen erwartet. Wenn Sie wissen, welches Verhalten erwartet wird, tun Sie etwas anderes. Jedes andere Verhalten kann hilfreich sein, um dieses eingespielte Muster zu unterbrechen.«*

Coaching-Beispiel

Nun überlegt die Führungskraft, was der Mitarbeiter wohl erwartet und was sie selbst ändern könnte. Sie kommt auf die Idee, dass er sich möglicherweise sehr kontrolliert fühlt, weil sie in letzter Zeit sehr viel nach ihm geschaut hat und sehr viele negative Feedback-Gespräche mit ihm führen musste. Die Führungskraft beschließt, etwas Neues auszuprobieren. Sie schreibt dem Mitarbeiter eine E-Mail, in der steht, dass sie in den nächsten 14 Tagen wegen dringender Projekte leider so gut wie nicht erreichbar sei. Sie hoffe, dass der Mitarbeiter sie in dieser Zeit unterstütze und ihr Arbeitsgebiet in gewohnt bewährter und erfolgreicher Weise selbstständig weiterführe. Nach 14 Tagen war in die Führungskraft-Mitarbeiter-Beziehung eine neue Dynamik gekommen, und die Zusammenarbeit klappte wieder auf die gewohnte Art und Weise.

> **Durch das Tool kann mithin ein gewohntes oder einge-
> schliffenes Muster unterbrochen werden. Das gelingt
> durch ein anderes Verhalten häufig sehr viel schneller und
> nachhaltiger als durch Gespräche.**

Weitere Anwendungsmöglichkeiten in Beratung, Training und Coaching

Dieses Tool kann auch in der Beratung sehr gut angewendet werden. Klienten kommen häufig mit dem Eindruck, dass sie bereits alles ausprobiert haben. Der Berater ist ihre letzte Hoffnung. Mit *»Tun Sie etwas anderes!«* können Sie ihm helfen, neue Denk- und Handlungsbahnen auszuprobieren. Überlegen Sie, ob Sie die »Idiotischen Ratschläge« *(Tool 14)* einsetzen können. Wichtig ist, dass Sie gezielt erfragen, wie sich die Situation derzeit darstellt, und erklären, wie andersartig die neue Strategie sein muss, um aus der gewohnten Denkrille ausbrechen zu können.

TOOL 40 UNGEWÖHNLICHE AUFGABEN

Ziel

**Grundlage:
Hypnotherapie**

Mit Ungewöhnlichen Aufgaben, die aus der Hypnotherapie nach Milton Erickson stammen, soll es ermöglicht werden, auf eine kreative Art und Weise neue Lösungsideen zu entwickeln.

Beschreibung

Ungewöhnliche Aufgaben werden in der Regel als eine Art Hausaufgabe zum Abschluss einer Beratungssitzung, einer Coachingsitzung oder zwischen zwei Seminartagen aufgegeben. Natürlich ist es für die weitere Arbeit wichtig, dass Sie Ihren Klienten, Coachee oder Teilnehmer wiedersehen, um über den Ausgang der Aufgabe auch sprechen zu können.

Ungewöhnliche Aufgaben sind in der Tat ungewöhnlich. Dabei verbinden Sie das besprochene Problem mit einem Weg, Lösungen zu finden. Sie geben aber selbst noch keine Lösungen vor.

Hier nun ein Beispiel für eine sehr Ungewöhnliche Aufgabe: Eine Aufgabe, die Erickson immer wieder stellte, wenn er mit Alkoholikern arbeitete, in dessen Familie es viele weitere Alkoholiker gab – also für Therapeuten ein Fall mit wenig Hoffnung –, war, dass er seinen Klienten in das Kakteenhaus des örtlichen botanischen Gartens schickte. Dort sollte er so lange die Kakteen betrachten, bis er von ihnen gelernt habe, wie es ihnen gelinge, lange Zeit ohne etwas zu trinken auskommen zu können. So verbrachte der Alkoholiker viele Stunden in dem Kakteenhaus. Als er dann nach Hause ging, hatte er eine Lösung gefunden, um seinen Alkoholmissbrauch erfolgreich zu bekämpfen.

Beispiel für Ungewöhnliche Aufgabe

Oft ist der Erfolg dieser Methode nicht so durchschlagend, aber immerhin: Das Tool regt zu kreativen Lösungswegen an und kann in Beratung, Training und Coaching ohne großen Aufwand, aber mit Nutzen eingesetzt werden.

Anwendung

Die Ungewöhnliche Aufgabe kann zum Trainingsabschluss eingesetzt werden. Beispielsweise kann in einem Training zum Schluss ein Überraschungsei ausgeteilt werden. Dieser Abschluss ist nicht nur süß, sondern enthält auch die Lösung. Das Ei birgt einen Hinweis darauf, wie ein Seminarteilnehmer die neuen Erkenntnisse am besten und effektivsten in seinen Alltag integrieren kann.

Der Einsatz des Tools lohnt sich, wenn Sie es mit einer kreativen und lebendigen Seminargruppe zu tun haben und das Seminarthema nicht allzu »trocken« ist. Für einen PC-Kurs wäre dieses Tool zum Abschluss unpassend. Aber zu Seminaren zu den Themen Stress, Konflikte, Kundenbindung oder Teambildung passt es sehr gut. Wichtig ist für Sie als Trainer, die Arbeitsaufgabe ebenso offen wie konkret anzuleiten. Sie können in Ihrem Training einen Schritt weiter gehen als im obigen Beispiel: *»Betrachten Sie den Inhalt Ihres Überraschungseis. Bauen Sie diesen zusammen. Das Ergebnis weist Ihnen den Weg, wie Sie die vielen Impulse, die Sie hier im Training erreicht haben, in Ihrem Arbeitsalltag umsetzen können. Überlegen Sie ein paar Minuten, wie das gehen kann. Trinken Sie ruhig eine Tasse Kaffee dazu und stellen Sie uns dann abschließend Ihren persönlichen Erfolgsweg vor.«*

Weitere Anwendungsmöglichkeiten in Beratung, Training und Coaching

Auch im Coaching hat das Tool einen wichtigen Stellenwert, um kreative Prozesse auszulösen und die Gedanken aus den gewohnten Bahnen zu lenken. Überliefert ist beispielsweise, dass ein Coach seinem Coachee das Folgende aufgetragen hat: *»Gehen Sie direkt nach diesem Coaching zum Bahnhof. Nehmen Sie sich etwas Zeit mit. Schauen Sie sich die Werbeplakate an, die Sie am Bahnhof finden. Nehmen Sie sich für jedes Werbeplakat etwas Zeit. Betrachten Sie es genau und überlegen Sie, was Ihnen dieses Werbeplakat in Bezug auf Ihr Problem sagen möchte. Zeigt es Ihnen eine Lösung? Schauen Sie alle Plakate nacheinander an. Auf einem dieser Plakate werden Sie die Lösung für Ihr Problem finden.«* Die Coachees, die mit dieser Aufgabe losgeschickt werden, sind meist erstaunt, wie viele nützliche Informationen die Werbeplakate für sie bereithalten.

TOOL 41 VERHALTENSVERSCHREIBUNG

Ziel

Ziel dieses Tools aus dem Konstruktivismus nach Paul Watzlawick und aus der Logotherapie nach Viktor Frankl (hier: Para-
doxe Intention genannt) ist es, ein derzeit nicht kontrollierbares
Verhalten bewusst und damit kontrollierbar zu machen.

**Grundlage:
Konstruktivismus**

Beschreibung

Bei der Verhaltensverschreibung wird das beklagte Verhalten des
Coachees oder Seminarteilnehmers absichtsvoll verschrieben –
das heißt: Er wird damit beauftragt, es bewusst zu aktualisieren.
Das Tool basiert auf der Idee, dass ein beklagenswertes Verhalten nicht dem willentlichen Zugriff unterliegt. Wenn jemanden
das störende Verhalten aber nicht überrascht, sondern er es bewusst einsetzen kann, dann – so die Hypothese – entsteht nach
und nach eine willentliche Zugriffsmöglichkeit. Das Verhalten
kann so kontrolliert werden.

Sobald eine funktionale Kontrolle erfolgen kann, wird das Verhalten nicht mehr zum Störfaktor und kann systematisch ab-
gebaut werden, bzw. durch das gewünschte Verhalten ersetzt
werden. Das Bewusstwerden des störenden Verhaltens und der
bewusste Einsatz desselben sollen eine Verhaltensänderung vorbereiten.

**Bestimmtes
Verhalten
herausfordern**

Anwendung

Die klassische Anwendung für dieses Tool im Training ist das
Rhetorik-Seminar. Teilnehmern, die sich darüber beklagen, bei
ihren Reden und Vorträgen nervös zu sein, können Sie »ver-
schreiben«, beim nächsten Auftritt vor der Seminargruppe sehr
deutlich ihre Nervosität zu zeigen, sodass alle Zuhörer das auch

bemerken. Die Teilnehmer sollen also das unerwünschte Verhalten im Seminar bewusst einsetzen.

Die meisten Teilnehmer finden diese Idee nicht sonderlich gut. Sie ziehen es vor, alleine zu Hause vor dem Spiegel zu üben – was selbstverständlich gleichfalls erfolgreich sein kann. Diejenigen, die sich überwinden und das Tool vor der Gruppe ausprobieren, haben bald sehr viel Spaß. Den Zuhörern können Sie dann auch die Aufgabe stellen, herauszufinden, wann der Redner eine Unsicherheit bewusst einsetzt. Diese Stellen sollen anschließend besprochen werden. Das birgt den zusätzlichen Effekt, dass die tatsächlichen Unsicherheiten eventuell in den Hintergrund rücken. Interessant ist im Moment nur, ob der Redner es schafft, bewusst und absichtsvoll eine Unsicherheit zu zeigen, die der echten Unsicherheit zum Verwechseln ähnelt.

Identifizieren Sie das unerwünschte Verhalten genau und beschreiben Sie es: etwa zittern, schwitzen, versprechen, aus dem Konzept kommen, nervös hin- und herlaufen.

Diese Intervention kostet die Teilnehmer einige Überwindung, aber sie macht auch in der Gruppe viel Spaß. Der Einsatz des Tools lohnt sich insbesondere, wenn jeder Teilnehmer sich etwas aussucht, das er sich gerne abgewöhnen möchte. Sie können diese Übung auch anbieten, wenn nur ein oder zwei Teilnehmer auffällige Symptome zeigen, die sie mit einer Verhaltensverschreibung bekämpfen können.

Weitere Anwendungsmöglichkeiten in Beratung, Training und Coaching

Dieses Tool sollte auch im Coaching seinen festen Platz haben. Um unliebsame Verhaltensweisen loszuwerden, können Sie in diesem Kontext das Verhalten zunächst empfehlen. Erklären Sie hierfür ruhig die Hintergründe, denn dieses Tool funktioniert anders als zum Beispiel die »Begeisterung für das Symptom« *(Tool 26)*. Hier geht es um eine Kontrollierbarkeit des Verhaltens, während es bei der »Begeisterung für das Symptom« eher um das Erkennen der Absurdität des Symptoms geht. Der Fokus ist hier ein anderer.

Geben Sie Ihrem Coachee die Hausaufgabe, das Verhalten bewusst und gezielt einzusetzen, und fragen Sie ihn bei der nächsten Sitzung, wie es gelungen ist. Legen Sie gemeinsam die Anzahl und die Situationen fest, in denen er versuchen soll, absichtsvoll und kontrolliert das unerwünschte Verhalten zu zeigen. Besprechen Sie in Ruhe seine Erfahrungen und bauen Sie Ihre Veränderungsarbeit darauf auf.

TOOL 42 VERSCHLIMMERUNGSFRAGE

Ziel

Ziel dieser Methode aus der Systemischen Therapie und dem Konstruktivismus ist es, einen festgefahrenen Prozess zu lockern und eine neue Perspektive zu ermöglichen. Die eigenen Handlungen, die zu dem aktuellen Ergebnis geführt haben, sollen transparent werden, um mögliche Ideen zur Behebung des Problems zu entwickeln.

Grundlage: Systemische Therapie, Konstruktivismus

Beschreibung

Das Tool basiert letztendlich nur auf einer konkreten Frage: *» Was müssten Sie tun, damit sich Ihre Situation verschlimmert?«* Diese Frage wird je nach Kontext in einer abgewandelten Form gestellt. Die Frage soll darauf hinweisen, dass es einen *eigenen* Anteil am Geschehen gibt, der flexibel ist und verändert werden kann. In der Regel sind die Coachees und auch die Seminarteilnehmer in kritischen Situationen davon überzeugt, eher Opfer als Täter in einem Geschehen zu sein. Sie haben das Gefühl, dass andere Menschen oder Ereignisse sie in diese missliche Lage gebracht haben. Durch die Verschlimmerungsfrage entdecken Sie zum einen neue Lösungsideen, zum anderen wird ihnen bewusst, dass sie der unangenehmen Situation nicht machtlos ausgeliefert sind.

Verschlimmerung – Verbesserung

Der Intervention liegt die Hypothese zugrunde, dass alles, was man willentlich verschlimmern kann, auch willentlich verbessert werden kann. Wenn es also in die eine Richtung hin flexibel ist, dann besteht diese Flexibilität auch in der anderen Richtung. Wenn die Bedingungen gefunden wurden, die dazu beitragen, etwas ganz schlimm werden zu lassen, dann sind gleichzeitig die Stellschrauben gefunden, die es ermöglichen, mit diesem Problem konstruktiv umzugehen.

Anwendung

Beispiel »Ernährungsberatung«

Nehmen wir einmal an, in der Ernährungsberatung möchte die Beraterin gerne, dass ein Klient abnimmt. Auch der Klient stimmt diesem Ziel zu, hat aber keine Idee, wie er die Diätpläne, die er dafür einhalten muss, in seinen Alltag integrieren kann. Die Beraterin gibt Tipps, aber der Klient springt auf nichts an. Er zeigt sich vollkommen unflexibel. Hier kann die Beraterin nun den Fokus ändern und die Verschlimmerungsfrage stellen: *» Was müssten Sie konkret tun, wenn Sie jeden Tag vorsätzlich zunehmen wollten? Wie würde der Tag beginnen, was wäre anders und was würde im weiteren Verlauf geschehen?«*

Hier haben die Klienten dann oft viele Ideen. Sie erleben die Frage zwar als widersinnig, denn das Zunehmen ist ja in diesem Fall nicht das Ziel. Aber vielen macht es Spaß, im Sinne der Verschlimmerungsfrage weiterzudenken. Und dann entdeckt der Klient schnell auch die Stellen, die er beeinflussen und verändern kann.

Weitere Anwendungsmöglichkeiten in Beratung, Training und Coaching

Eine weitere sehr effektive Anwendungsmöglichkeit findet sich bei Change-Projekten in Unternehmen. Manchmal stellen sich Workshopteilnehmer auf den Standpunkt, dass sie selbst keinen Einfluss auf das Geschehen im Unternehmen haben. Sie erleben ihre Rolle als passiv und glauben, den Entscheidungen anderer Menschen schutzlos ausgeliefert zu sein.

Wenn Sie als Trainer die Verschlimmerungsfrage ins Spiel bringen, sieht das Ganze schnell anders aus: *» Was müssten Sie und Ihre Kollegen konkret tun, damit das Unternehmen weiterhin schlechte Zahlen schreibt, bzw. was könnte die Zahlen weiter verschlechtern?«*

Anwendung bei Change-Projekten

Sie können auch zu verschiedenen Aspekten des Change-Projektes Gruppen bilden und Fragen stellen wie:

- Was können Sie und Ihr Team tun, damit der Change-Prozess ein Flop wird?
- Was können Sie tun, damit Ihre Marke von den Verbrauchern nicht mehr wahrgenommen wird?
- Was kann das Unternehmen tun, damit die Marke vom Markt verschwindet?
- Was müssen Sie konkret tun, um die derzeit beschriebene Situation weiter zu verschlimmern?
- Wie gelingt es Ihnen, noch mehr Misstrauen unter den Mitarbeitern zu säen?

Diese Form von Gruppenarbeit macht erfahrungsgemäß nicht nur sehr viel Spaß, sie lockert die Teilnehmer auch innerlich auf. Die Workshopteilnehmer sind sich ihrer Einflussmöglichkeiten wieder bewusst geworden, und Sie können Ihren Workshop wie geplant fortsetzen.

TOOL 43 VORANNAHMEN

Ziel

Grundlage: Neuro-linguistisches Programmieren

Das Arbeiten mit Vorannahmen nach Chris Hall (NLP) hat das Ziel, dem Ratsuchenden die Gedankengänge transparent zu machen, die zu einer Problemwahrnehmung geführt haben. Durch das Erkennen der eigenen »beschränkten« Sichtweise auf die Situation kann der Klient wieder neue Handlungsoptionen finden.

Beschreibung

Bei der Nutzung dieses Tools ist ein sehr aufmerksames Zuhören bei der Problemschilderung Voraussetzung. Es werden in der Regel Sätze angeboten, auf die Sie als Berater, Trainer oder Coach reagieren. Dabei akzeptieren Sie die Vorannahmen, die Ihr Gegenüber macht. Diese übernehmen Sie fast automatisch – und beschränken damit Ihre eigene Flexibilität und Kreativität genauso wie Ihr Gegenüber. Anstatt in der distanzierten Haltung zum Coachee zu bleiben, springen Sie mit in das Problem und werden ein Teil des Problems – dazu ein Beispiel:

- **Führungskraft**: »Und wissen Sie, ich habe alles versucht.
  Der erstellt einfach die Liste nicht, die ich so dringend
  brauche. Ich habe es freundlich versucht, mit Druck, über
  Kollegen, mit dem Betriebsrat. Der stellt sich einfach stur.«
- **Coach**: »Das ist ja unglaublich!«

Um nicht mit in das Geschehen hineingezogen zu werden und einen gesunden Abstand halten zu können, tritt Chris Hall Problemstellungen mit folgender Haltung entgegen:

Aufmerksam zuhören

1. Es gibt keine Probleme, nur Situationen.
2. Veränderung ist möglich.
3. Veränderung geschieht jetzt.

Diese Vorannahmen sollten Sie nach Chris Hall verinnerlichen, um erfolgreich Veränderungsprozesse gestalten zu können. Denn auch die eigenen Vorannahmen bestimmen den Erfolg des Gesprächs. Nutzen Sie diese Vorannahmen, um mit offenen Ohren zuhören zu können:

»Es gibt keine Probleme, nur Situationen«

- Was vermittelt Ihnen Ihr Gegenüber?
- Was sagt er nicht wörtlich, was versteckt sich aber zwischen den Zeilen?
- Was will er ausdrücken?
- In welcher Situation befindet er sich?

Es ist wichtig, dass Sie Ihre eigenen Vorannahmen identifizieren und überprüfen, um die Vorannahmen Ihres Gegenübers herauszufiltern und sie ihm zurückzuspiegeln.

Anwendung

Das Tool kann im Training und im Coaching in vielen verschiedenen Situationen Anwendung finden. Nehmen wir folgendes Beispiel: Ein Teilnehmer sagt folgende Worte: »*Mein Chef müsste mal in Ihr Seminar kommen. Dann würde vielleicht mal etwas passieren bei uns.*« In diesem Satz gibt es gleich mehrere Vorannahmen:

1. Mein Chef arbeitet ganz anders, als wir das hier gelernt haben.
2. Ich kann ihm die Inhalte nicht vermitteln.
3. Die Umsetzung der Inhalte in unserer Abteilung würde etwas verändern.
4. Dass nur ich hier bin, nützt nichts.
5. Ich alleine kann keine Veränderung anstoßen.
6. Ich habe keine Macht.

Einsatzbeispiel Es gibt sicherlich noch weitere Vorannahmen, aber damit soll es genug sein. Falsch wäre es hier nach Chris Hall, die Vorannahmen zu akzeptieren und so diese Weltsicht weiter zu stabilisieren. Besser ist es, die verkrusteten Vorannahmen aufzubrechen. So könnten Sie den Seminarteilnehmer fragen: »Welche Kleinigkeit aus unseren gemeinsamen Tagen können Sie bei Ihrer täglichen Arbeit für sich alleine umsetzen?« Mit dieser Frage werden auch Vorannahmen transportiert, die den Prozess lockern sollen:

1. Sie alleine können für sich Veränderungen bewirken. Sie brauchen Ihren Chef nicht für Veränderungen.
2. Mit diesen kleinen Veränderungen können Sie zufrieden sein.
3. Sie haben Macht über Ihr persönliches Handeln und Verhalten.

Wenn Ihr Gegenüber auf diese Frage antwortet und eine Kleinigkeit rauspickt, dann hat er Ihre Vorannahmen akzeptiert und befindet sich schon im Veränderungsprozess. Wenn er nicht reagiert, dann verharrt er wahrscheinlich noch in der Haltung des Klagenden *(siehe Tool 19)* – und dann helfen nur Komplimente *(siehe Tool 18)*.

Auch im Coachingkontext hat das Tool seinen festen Platz. Es lockert auch hier Annahmen über die Welt und fügt neue Ideen hinzu. Wenn also ein Coachee in die Beratung kommt und sagt: *»Mein Job macht mir einfach keinen Spaß mehr«*, dann könnten Sie die Vorannahme, dass der Job langweilig ist, aufgreifen und sagen: *»Okay, dann überlegen wir also heute, wie Sie einen anderen Job finden können.«* Dieses Vorgehen birgt die Gefahr, dass der neue Job in kürzester Zeit genauso langweilig erlebt wird wie der vorangegangene. Besser wäre es hier nach Chris Hall, zu fragen: *»Welche Fähigkeiten haben Sie bei Ihrer bisherigen Arbeit bereits erworben, die es Ihnen ermöglichen, mit Spaß zu arbeiten?«*

Einsatz im Coaching

Diese Frage wirft den Klienten auf sich selbst zurück und transportiert wieder Annahmen:

1. Es hängt nicht nur vom Job ab, ob die Arbeit Spaß macht, sondern auch von mir selbst.
2. Ich habe es selbst in der Hand, die Arbeit spaßig zu gestalten.
3. Ich kann aktiv etwas tun, um Spaß zu empfinden.

Weitere Anwendungsmöglichkeiten in Beratung, Training und Coaching

Ungeachtet der hohen Konzentrationsleistung, die dieses Tool voraussetzt, kann es in jeder beruflichen Situation zur Anwendung kommen. Zentral ist es, nicht nur die Annahmen der gehörten Sätze zu überprüfen, sondern auch die transportierten Vorannahmen in den eigenen Formulierungen kritisch zu hinterfragen.

Gerade der Trainingseinstieg sollte genau auf Formulierungen abgeklopft werden, in denen Vorannahmen stecken. Wichtig ist hier zu verdeutlichen, dass die Teilnehmer bereits sehr viele verschiedene Dinge gelernt haben, diese weiterentwickeln können und viele spannende Themen auf sie warten. Diese Vorannahmen vermitteln Sie nicht mit einer Formulierung wie: »*Das Seminarprogramm lautet wie folgt … Finden Sie das interessant?*« Hier informieren Sie zwar, aber implizieren mit dem zweiten Satz, dass das Programm genauso gut nicht interessant sein könnte. Formulieren Sie eher so – dann säen Sie andere Vorannahmen: »*Das Seminarprogramm habe ich wie folgt für Sie zusammengestellt … Ich bin gespannt, mit welchen neuen Tools Sie zuerst Ihr bisheriges Repertoire erweitern werden.*«

Mit diesem Satz transportieren Sie eine Vielzahl von Annahmen:

1. Die Seminarinhalte wurden spezifisch für diese Zielgruppe ausgewählt.
2. Die Teilnehmer verfügen bereits über ein Repertoire an Tools.
3. Mit dem Seminar werden Sie Ihren Toolkoffer erweitern.
4. Sie werden verschiedene Tools auswählen und anwenden.

`TOOL 44` VORWÜRFE IN WÜNSCHE VERWANDELN

Ziel

Mit diesem Tool aus dem NLP (nach der »Schule des Wünschens« von Thies Stahl) soll erreicht werden, dass der Coachee sich seiner Wünsche bewusst wird. Er soll außerdem dazu befähigt werden, Wünsche als solche zu benennen und sie nicht in vorwurfsvoller Form anderen Menschen gegenüber zu äußern.

Außerdem erfährt er, dass ein Wunsch geäußert werden muss, um erfüllt werden zu können.

Beschreibung

»Vorwürfe sind verunglückte Wünsche.« Anstatt konkrete Wünsche an das Verhalten anderer Menschen zu richten, formulieren die meisten Menschen Vorwürfe. Vorwürfe aktivieren in der Regel die Abwehr des Gegenübers und hemmen die Kooperationsbereitschaft.

In einer Coachingsitzung kann ein Coach dieses Tool seinem Coachee näherbringen und mit ihm gemeinsam einüben, Wünsche an den Menschen zu richten, der aus der Sicht des Coachees ein beklagenswertes Verhalten an den Tag legt.

Verunglückte Wünsche

Die meisten Coachees sind sich nicht darüber bewusst, dass ihre Wünsche nur erfüllt werden können, wenn sie diese anderen gegenüber äußern. Sie hoffen insgeheim, ihre Wünsche würden auch erkannt, ohne dass sie sie kommunizieren. Wenn sie sie dann auch noch als Vorwürfe äußern, kann der Wunsch den Kommunikationspartner erst recht nicht erreichen, der sein Verhalten dann natürlich auch nicht entsprechend anpassen kann. Die Umformulierung eines Vorwurfs in einen Wunsch und das Bewusstsein darüber versetzen den Coachee oft spontan in eine andere Stimmung. Er freut sich, dass er in der Lage ist, seinen Wünschen nun angemessen Ausdruck verleihen zu können.

Anwendung

Die Anwendung des Tools ist so vielfältig, dass es fast schwerfällt, einen typischen Kontext zu wählen. Trotzdem – betrachten wir einmal ein Führungscoaching. Ein Coachee formuliert folgende Klage: *»Meinen Chef interessiert es überhaupt nicht, was ich tue. Er behandelt mich wie Luft.«* Hier kann der Coach

Vielfältige Einsatzbereiche

umformulieren und antworten: »*Möchten Sie, dass Ihr Chef Sie nach Ihrer Arbeit fragt? Oder was genau ist Ihr* Wunsch?«

Diese Antwort ist nun ein Mittelding zwischen einem Umformulierungsvorschlag und einer Aufforderung, gemeinsam an der Umformulierung zu arbeiten. In der Regel nehmen die Klienten diese Aufforderung dankbar an und formulieren ihre Wünsche. Mittels dieser Frage wird den meisten zum ersten Mal bewusst, dass sie einen Wunsch an die beklagte Person haben: »*Ja, also ich denke, er muss doch zumindest wissen, was ich mache. So hin und wieder könnte er schon nachfragen.*« Der Coach arbeitet nun weiter an dem Wunsch: »*Wie sähe dieses ›hin und wieder nachfragen‹ genau aus? Was ist Ihr* Wunsch?«

Wiederholen Sie immer wieder das Wort »Wunsch«, damit für den Coachee ganz deutlich wird, worum es Ihnen geht. Es ist wichtig zu verstehen, dass es sich um einen noch nicht ausgedrückten Wunsch handelt – und nicht um ein willkürliches Fehlverhalten des Vorgesetzten. Dieser weiß wahrscheinlich nichts von dem Anliegen seines Mitarbeiters und kann daher auch nicht entsprechend reagieren. Nach zwei bis drei weiteren Fragerunden wird der Wunsch immer deutlicher und konkreter werden. Im nächsten Schritt können Sie mit dem Coachee besprechen, wie er diesen Wunsch am besten an seinen Vorgesetzten herantragen könnte.

Weitere Anwendungsmöglichkeiten in Beratung, Training und Coaching

Kleingruppenarbeit In einem Seminar oder Training zum Thema »Konfliktmanagement« kann – wie bereits erwähnt – genauso mit Wünschen gearbeitet werden. Nachdem deutlich geworden ist, welchen Unterschied es zwischen Vorwürfen und Wünschen gibt, kann der Trainer oder Workshopleiter verschiedene Vorwürfe auf Kärtchen schreiben – oder noch besser: Er lässt Vorwürfe aus dem

Erfahrungshintergrund der Teilnehmer auf Kärtchen schreiben. Der Vorwurf sollte durch ein paar Stichworte über den Kontext verständlicher gemacht werden. Danach setzen sich die Teilnehmer in Kleingruppen zusammen und bearbeiten die Vorwürfe anderer Personen, indem sie versuchen herauszufinden, was sich der Schreiber eigentlich wünscht. Diese Wunschformulierungen gehen dann an den zurück, der den Vorwurf formuliert hat.

TOOL 45 WAHRNEHMUNGSPOSITIONEN WECHSELN

Ziel

Dieses Tool aus der Systemischen Familientherapie nach Virginia Satir wurde etwas modifiziert ins NLP übernommen – ich stelle es hier in Anlehnung an die NLP-Terminologie dar. Es verfolgt das Ziel, dem Coachee oder Seminarteilnehmer über neue Wahrnehmungsmöglichkeiten neue Handlungsimpulse zu geben.

Grundlage: Neurolinguistisches Programmieren

Beschreibung

In einem Problemkontext verliert man schnell die freie Sicht auf alle Aspekte. Man glaubt etwas zu verstehen und bemerkt dabei nicht, wie man darüber andere Möglichkeiten, den Sachverhalt zu betrachten, vernachlässigt. Durch eine systematische Betrachtung der Sachlage aus vier verschiedenen Wahrnehmungspositionen erhält man nicht nur neue Perspektiven, sondern erfährt auch neue Handlungsoptionen. Dabei geht es um die folgenden vier Positionen:

■ *Position 1:* Hier befindet sich der Problembesitzer ganz in seiner eigenen Perspektive und beschreibt seine persönliche Sicht auf die Dinge (Ich-assoziiert).

Perspektivenwechsel trainieren

- *Position 2:* Der Problembesitzer versetzt sich in die Lage einer anderen Person, die am Problem beteiligt ist. Gibt es mehrere Personen, ist es sinnvoll, aus der Position aller Beteiligten auf die Situation zu schauen (Du-assoziiert).
- *Position 3:* In dieser Position betrachtet sich der Problembesitzer selbst von außen. Er versucht sein Verhalten mit Abstand zu betrachten, zu erleben und zu kommentieren (Ich-dissoziiert).
- *Position 4:* Die vierte Position ist die Metaposition. Der Problembesitzer versucht aus einer unbeteiligten Perspektive heraus auf die Situation zu schauen. Wie würde er als völlig unbeteiligter Dritter die Situation erleben und bewerten? Es handelt sich um eine emotional dissoziierte Position.

Anwendung

Coaching-Beispiel Im Coaching ist das Wechseln der Wahrnehmungspositionen ein sehr erfolgreiches Tool, um einen aus Coachee-Sicht festgefahrenen Prozess wieder zu flexibilisieren. Dabei ist es sehr hilfreich und schützt vor Verwirrungen, wenn der Coachee für jede Wahrnehmungsposition einen anderen Ort im Raum auswählt. So kann er nach der ersten Runde wieder in die einzelnen Wahrnehmungspositionen zurückspringen, um zu erfahren, was sich nun – unter dieser neuen Perspektive – verändert hat.

Mit folgenden Fragen kann das Tool angeleitet werden:

- *Position 1:* Betrachten Sie nun einmal die Situation aus Ihrer Perspektive. Wie sieht das genau aus? Was hören und was spüren Sie?
- *Position 2:* Wechseln Sie nun einmal auf die Wahrnehmungsposition Ihres Gegenübers. Wie sieht das Ganze aus seiner Sicht aus? Wie würden Sie sich fühlen, wenn Sie er wären? Was nimmt er in dieser Situation wahr?
- *Position 3:* Wenn Sie sich nun bei Ihrer Interaktion mit der

anderen Person wieder selbst betrachten? Wie schaut das
Problem aus, wenn Sie sich selbst beim Handeln beobachten? Was fällt Ihnen auf?

■ *Position 4:* Betrachten Sie nun das Ganze aus einer Perspektive, in der Sie überhaupt nicht emotional involviert sind.
Stellen Sie sich vor, Sie sind ein Journalist und möchten über
die Situation möglichst objektiv und unparteiisch berichten.
Mit welchen Worten würden Sie die Situation beschreiben?

Im Anschluss an die erste Runde kann der Coachee immer wieder auf die anderen Positionen zurückwechseln und mit den
Erkenntnissen die Situation neu betrachten. An ihn ergeht die
folgende Bitte: »*Wechseln Sie nun noch einmal in Ihre erste
Wahrnehmungsposition zurück und betrachten Sie die Situation
aus Ihrer Perspektive mit den neuen Erkenntnissen. Wie verändert sich Ihre Wahrnehmung jetzt?*«

Die Erfahrung zeigt, dass die Coachees gerne hin und her wechseln, manchmal ganz ohne Worte, bis sie für sich eine zufriedenstellende Lösung gefunden haben.

Weitere Anwendungsmöglichkeiten in Beratung, Training und Coaching

Dieses Tool kann in Training und Coaching gleichermaßen angewendet werden. Beispielsweise kann eine Lösung für ein schwie-
riges Verkaufsgespräch mit vier Gruppenarbeiten bearbeitet werden. Die Gruppen haben jeweils den Auftrag, aus Position 1, 2,
3 und 4 das Geschehen zu betrachten und zu überlegen, welches
Verhalten des Verkäufers aus dieser Sicht das erfolgreichste wäre.
Dabei konzentriert sich eine Gruppe darauf, wie sich der Verkäufer fühlt, was er zu sich selbst sagt etc., während sich eine
andere Gruppe mit der Außenwahrnehmung des Verkäufers beschäftigt. Nach einer kurzen Präsentation der Wahrnehmungen
und Überlegungen aus dieser Perspektive heraus werden die Ideen

Einsatz im Training »Verkaufsgespräch«

zusammengefügt. Auch wenn es hier um ein konkretes Beispiel geht, kann in der Regel jeder Teilnehmer den Transfer auf seine schwierigen Verkaufssituationen leisten.

TOOL 46 # WERTEHIERARCHIE

Ziel

Grundlage: Neuro-linguistisches Programmieren

Eine Wertehierarchie (aus dem NLP) ermöglicht es dem Coachee, Klienten und Seminarteilnehmer, eine bewusste Entscheidung unter Einbeziehung seiner wichtigen Werte zu fällen.

Beschreibung

Arbeit mit der Wertehierarchie

Eine Wertehierarchie ist immer dann hilfreich, wenn ein Mensch eine beruflich oder privat sehr wichtige Entscheidung treffen muss, ohne den Ausgang absehen zu können. Das kann beispielsweise die Frage eines Jobangebotes einer anderen Firma betreffen, eine Aufstiegs- oder Umstiegschance in der eigenen Firma oder auch die Frage nach einer Selbstständigkeit. Die Arbeit mit einer Wertehierarchie legt die eigenen Motive und Absichten offen. Für den Coachee wird so transparent, von welchen wesentlichen Punkten sich der Coachee im Leben leiten lässt.

Die meisten Menschen sind sich dieser inneren treibenden Kräfte nicht bewusst. Viele nehmen diese internen Maßstäbe nicht einmal wahr. Ein Offenlegen im Rahmen eines Coachings führt oft zu einer neuen Entscheidungsrichtung. Und da vielen Coachees nicht bewusst ist, welche Werte es gibt, kann es hilfreich sein, ihnen eine Liste mit Werten vorzulegen und diese zu erklären: *»Werte sind also Dinge, die uns wichtig sind, die unser Denken, Fühlen und Handeln steuern. Dabei unterscheiden sich die*

Werte je nach Lebensbereich. Im Beruf sind oft andere Dinge relevant als im Freizeitbereich. Bei Werten gibt es kein Richtig oder Falsch. Wichtig ist nur, dass Sie erkennen, welche Werte für Sie wichtig sind und Sie steuern. Ihre Entscheidung sollte dann diese Werte auch berücksichtigen.«

Schauen Sie einfach mal selbst folgende Liste mit Werten durch und wählen Sie die für Sie wichtigsten Werte aus. Möglicherweise müssen Sie auch ein paar Werte ergänzen. Das sind Werte, die Ihnen wichtig sind, hier aber noch nicht aufgelistet sind. Geben Sie diese Liste auch Ihrem Coachee und lassen Sie ihm etwas Zeit für seine Auswahl. Vielleicht kann das auch eine Hausaufgabe sein, die Sie bei der folgenden Sitzung miteinander besprechen.

Wichtige Werte bestimmen und auswählen

Wert	sehr wichtig	wichtig	un-wichtig
Abenteuer	☐	☐	☐
Anerkennung	☐	☐	☐
Ehrlichkeit	☐	☐	☐
Entwicklung	☐	☐	☐
Familie	☐	☐	☐
Freundschaft	☐	☐	☐
Gehorsam	☐	☐	☐
Genauigkeit	☐	☐	☐
Gerechtigkeit	☐	☐	☐
Glück	☐	☐	☐
Herausforderung	☐	☐	☐

Wert	sehr wichtig	wichtig	un-wichtig
Aktivität	☐	☐	☐
Bildung	☐	☐	☐
Einzigartigkeit	☐	☐	☐
Erfolg	☐	☐	☐
Freiheit	☐	☐	☐
Frieden	☐	☐	☐
Geld	☐	☐	☐
Genuss	☐	☐	☐
Gesundheit	☐	☐	☐
Harmonie	☐	☐	☐
Hilfsbereitschaft	☐	☐	☐

Wert	sehr wichtig	wichtig	un- wichtig	Wert	sehr wichtig	wichtig	un- wichtig
Humor	☐	☐	☐	Intensität	☐	☐	☐
Ideologie	☐	☐	☐	Klarheit	☐	☐	☐
Kongruenz	☐	☐	☐	Kreativität	☐	☐	☐
Leistung	☐	☐	☐	Liebe	☐	☐	☐
Loyalität	☐	☐	☐	Macht	☐	☐	☐
Mut	☐	☐	☐	Notwendigkeit	☐	☐	☐
Ordnung	☐	☐	☐	Originalität	☐	☐	☐
Perfektion	☐	☐	☐	Pflicht	☐	☐	☐
Qualität	☐	☐	☐	Ruhe	☐	☐	☐
Schnelligkeit	☐	☐	☐	Selbst- ständigkeit	☐	☐	☐
Sicherheit	☐	☐	☐	Spaß	☐	☐	☐
Spiritualität	☐	☐	☐	Status	☐	☐	☐
Toleranz	☐	☐	☐	Unabhängig- keit	☐	☐	☐
Veränderung	☐	☐	☐	Verantwor- tung	☐	☐	☐
Wahrheit	☐	☐	☐	Wissen	☐	☐	☐
Zugehörigkeit	☐	☐	☐	Anderes	☐	☐	☐

Hat der Coachee einmal verstanden, was ein Wert ist, dann fügt er oft – vielleicht genauso wie Sie eben – noch neue Werte in die Liste hinzu, die ihm einfallen. Dann beginnt er eine Hierarchie aufzubauen und zu reflektieren. Diesen Prozess leiten Sie an.

Anwendung

Nehmen wir an, jemand kommt zu Ihnen ins Coaching, der zwischen zwei folgenden Alternativen wählen kann:

1. neuer Job nach Umstrukturierung in »alter« Firma, verbunden mit einem Statusverlust (keine Sekretärin mehr), aber eine interessante Aufgabe
2. Einstieg als Selbstständiger in die Beratungsfirma eines Geschäftspartners

Sie können in diesem Fall mit einer Wertehierarchie arbeiten, um ihn dabei zu unterstützen, zu einer angemessenen Entscheidung zu gelangen: Sie legen wie beschrieben die Werteliste vor, lassen ergänzen und im nächsten Schritt die sieben wichtigsten Werte auswählen. Wenn er sich nicht entscheiden kann, dann erweitern Sie auf zehn oder zwölf wichtige Werte und lassen ihn dann noch einmal die drei bis fünf zentralen Werte bestimmen. Vor dem Hintergrund dieser Werte prüfen Sie schließlich gemeinsam die Jobalternativen. Oft liegt die Entscheidung nun klar auf der Hand.

Werte als Entscheidungsgrundlage

Weitere Anwendungsmöglichkeiten in Beratung, Training und Coaching

Die Arbeit mit der Wertehierarchie ist auch in einem Workshop denkbar, in dem es um die Unternehmenskultur und die zentrale Frage geht: »*Welche Werte sind uns für unser Unternehmen wichtig?*« Nachdem die Werte ausgewählt und diskutiert worden sind, kann der Workshop mit einer Hierarchisierung abgeschlossen werden.

Unternehmenskultur

Bewährt hat sich die Methode auch, wenn es um den Vertrieb geht: »*Welche Werte sind uns bei unserer Zusammenarbeit mit unseren Kunden besonders wichtig?*« Anhand der so entstandenen eindeutigen Wertehierarchie kann ein kundenorientiertes Vertriebskonzept erarbeitet werden.

TOOL 47 WUNDERFRAGE

Ziel

**Grundlage: Lösungs-
orientierter Ansatz**

Mit der Wunderfrage – nach dem Lösungsorientierten Ansatz – soll der Klient erkennen, was sich verändern wird, wenn er sein Problem zufriedenstellend gelöst hat. Sie dient der genauen Zielbestimmung und damit dem Auffinden von möglichen Lösungswegen.

Beschreibung

**Kreative
Wunderfrage**

Die Wunderfrage bezeichneten Steve de Shazer und Insoo Kim Berg als die wichtigste Frage ihres Modells. Die Wunderfrage definiert das Ziel der gemeinsamen Arbeit und ermittelt die Zehn der Skalierung, wenn weiter mit Skalierungsfragen *(siehe Tool 33)* gearbeitet werden soll. Mit der Wunderfrage wird sehr schnell deutlich, wohin die Reise gehen soll. In der Antwort findet man eine Beschreibung von Zielerkennungsphänomenen. Der Berater erfährt also nicht nur etwas über den Zielzustand, sondern auch darüber, wie der Klient selbst und die im Umfeld beteiligten Personen die Veränderung erleben würden. Mit den Antworten auf die Wunderfrage erhält er Hinweise auf Bereiche, in denen versteckte Ressourcen liegen könnten. Hinzu kommt: Die Wunderfrage ersetzt in einem Coachingprozess die Zielorientierung *(siehe auch Tool 48)*.

Anwendung

Die Wunderfrage lautet wie folgt: »*Stellen Sie sich vor, Sie gehen wie jeden Abend ins Bett. Sie ziehen sich um wie immer, legen sich hin wie immer, tun das, was Sie immer tun, und schlafen friedlich ein. Sie schlafen tief und traumlos und über Nacht geschieht ein Wunder, und das Problem, das Sie hierhergeführt hat, existiert nicht mehr. Woran würden Sie dies als Erstes merken? Wie sähe Ihr Tag dann aus? Was wäre anders als sonst?*«

Der Coach kann weitere Fragen stellen, um andere Perspektiven einzubeziehen:

Ausweitung der Wunderfrage

- Woran würde Ihr Partner bemerken, dass ein Wunder geschehen ist?
- Wie würden es Ihre Kinder bemerken?
- Was würde Ihr Chef sagen?
- Was würden Ihre Kollegen und Kunden sagen?

Die Ausführungen des Coachees geben Aufschluss über seine Ziele und oft auch schon Informationen über mögliche Wege zur Zielerreichung. Durch intensives Zuhören und das Abfragen von Leerstellen *(siehe Meta-Modell, Tool 21)* erhalten Sie wertvolle Informationen, die für die Problemlösung nützlich sein können.

Weitere Anwendungsmöglichkeiten in Beratung, Training und Coaching

Die Wunderfrage ist eine wunderbare Technik, um in ein Training einzusteigen:

- Was wollen die Teilnehmer erreichen?
- Wie sieht das Wunder konkret aus, das sie sich von der Teilnahme am Training erwarten?

Ein Trainer kann die Wunderfrage für alle gemeinsam stellen und dann bitten, sich in kleinen Gruppen über die Ziele und Erwartungen auszutauschen. Diese werden dann von einer Person präsentiert, und der Trainer erläutert, wann dieses Thema / die Themen zur Sprache kommt / kommen. Gemeinsam wird dann anhand des Seminarprogramms der Weg zum Ziel geplant. Dabei ist es auch wichtig zu wissen, wie nah sich der Einzelne diesem Wunder schon fühlt. Steht der eine oder andere bereits kurz vor dem Ziel? Oder haben die meisten Teilnehmer eher das Gefühl, gerade erst losgelaufen zu sein?

TOOL 48 ZIELORIENTIERUNG

Ziel

Durch die konsequente Beschäftigung mit seinem Ziel soll der Coachee oder Teilnehmer aus seiner problemorientierten Perspektive herausgeholt werden. Diese Methode aus dem NLP und der Lösungsorientierten Therapie nach Steve de Shazer macht den Blick frei auf alle Möglichkeiten, die zur Verfügung stehen. Begrenzungen hingegen geraten aus dem Blickfeld.

Beschreibung

Häufig sind Menschen damit beschäftigt, Fehler auszugleichen, Dinge zu reparieren und Probleme auszubügeln. Dabei investieren Sie viel Energie. »*Reden über Probleme schafft Probleme*«, sagt Steve de Shazer lapidar dazu. Seiner Meinung nach ist die Konzentration auf die Lösung sehr viel erfolgversprechender, da er unterstellt, dass die Lösung nicht immer etwas mit dem Problem zu tun hat.

Die Konzentration auf das Ziel ist gleichzusetzen mit dem Blick in die Zukunft. Konzentrieren wir uns auf die Vergangenheit und auf die Dinge, die schief gelaufen sind, reagiert der Körper mit Ärger oder Wut, und damit mit Muskelanspannung. Es entstehen Denkblockaden. Die Zukunft hingegen ist noch unbelastet, und hier liegen neue Chancen brach. Wichtig ist es, die Gedanken in diese Richtung zu lenken und sich zu fragen: »*Was kann ich tun, damit mich diese Situation nicht wieder ereilt und blockiert?*«

Mit dieser Orientierung auf die Zukunft werden positive Kräfte freigesetzt – so die Argumentation im NLP. Das NLP hat das SMARTE-Ziele-Format entwickelt, um Ziele so zu formulieren, dass sie umsetzbar und realistisch sind. SMARTE Ziele bedeutet:

SMARTE ZIELE

S sinnesspezifisch konkret

M messbar

A attraktiv

R realistisch

T terminlich realisierbar

E eigenständig initiierbar

Mit diesem Schema hilft das Tool, Ziele sicher zu definieren und die Orientierung in die Zukunft sicherzustellen. Jedes definierte Ziel soll diesen sechs Kriterien genügen. Sehr häufig sind die Faktoren *R* (realistisch) und *E* (eigenständig initiierbar) nicht hinreichend berücksichtigt.

Anwendung

Wenn ein Coachee mit einem Ziel in eine Sitzung kommt, das nach Ihrer Meinung diesen Kriterien nicht entspricht, dann lohnt es, sie mit ihm in Ruhe durchzugehen. Kommt beispielsweise ein Coachee mit dem Anliegen zu Ihnen, seine Abschlussquote bei Kunden zu verbessern, dann können Sie in Bezug auf das erste Kriterium genau nachfragen:

- Was heißt das genau, »eine bessere Abschlussquote erzielen«?
- Wie wäre das, wenn Sie bessere Abschlüsse machen?
- Wie würde sich das genau anfühlen? Was wäre anders?

Jede Menge Beispielsfragen   Übrigens: Die sinnesspezifische Konkretisierung kann auch mit der Wunderfrage erreicht werden *(siehe Tool 47).*

Beim zweiten Kriterium, der Messbarkeit, will der Coach es ganz genau wissen:

- Reicht es, wenn Sie sich um einen Abschluss im Jahr verbessern?
- Wie viele Abschlüsse genau sollen es mehr sein?
- Können Sie eine konkrete Zahl nennen?

Das dritte Kriterium fragt fast ketzerisch nach der Attraktivität dieses Ziels:

- Wollen Sie das Ziel wirklich erreichen?
- Was macht das Ziel so reizvoll für Sie?
- Warum wollen Sie es erreichen?
- Welchen Nutzen versprechen Sie sich davon?

Manchmal ändert sich das Ziel an dieser Stelle wieder. Was nützt es Ihrem Coachee, wenn sich die Abschlussquote erhöht, aber nicht das Umsatzvolumen? Viele kleine Aufträge sind nicht so interessant wie wenige größere Aufträge. Ändert sich das Ziel, fangen Sie mit Ihrem Coachee von vorne an.

Das vierte Kriterium fragt nun danach, wie realistisch das for- **Check der Realität** mulierte Ziel ist. Hier geht es um einen Realitätscheck.

■ Ist es tatsächlich möglich, dieses Ziel zu erreichen, oder gibt es etwas, was dagegenspricht?

Möglicherweise kann die Abschlussquote nicht erhöht werden, wenn nicht andere Ressourcen zur Verfügung stehen. Solange das Telefonbudget von der Firma begrenzt wird, können nicht mehr Kunden angerufen werden. Solange das Kilometerbudget begrenzt ist, können nicht mehr Kunden besucht werden. So muss hier erst eine Vorklärung erfolgen, bevor eine Zielerreichung realistisch erscheinen kann.

Das fünfte Kriterium beschäftigt sich mit der Zeit. Hier ist es ratsam, einen realistischen Zeitplan aufzustellen, um Frustrationen vorzubeugen.

Die Frage lautet:

■ Bis wann wollen Sie das Ziel erreicht haben?

Das sechste Kriterium steht zwar ganz am Schluss, aber es ist **Stets alle Kriterien** sehr entscheidend, denn viele Ziele haben die folgende Form: **beachten** *»Ich möchte, dass mein Chef, mein Mitarbeiter, mein Kunde ...«* Wenn ein Ziel nicht eigenständig initiierbar ist, dann kann es noch so schön formuliert sein: Es ist nicht erreichbar, wenn man sich nur auf andere verlässt. Ein Ziel ist nur dann sinnvoll, wenn man die Dinge selbst in die Hand nehmen kann und will.

Sie sollten die Zieldefinition erst dann beenden, wenn alle sechs Kriterien miteinander in Einklang gebracht worden sind. Oftmals ist es nötig, wieder einen Schritt zurückzugehen und aufgrund der neuen Erkenntnisse nachzubessern.

Weitere Anwendungsmöglichkeiten in Beratung, Training und Coaching

Für den Beratungsalltag ist dieses Instrument ein unerlässlicher Helfer. Bevor Sie Ihre ganze fachliche Beratungskompetenz entfalten, ist es ratsam, genauer nachzufragen, was der Klient eigentlich erreichen möchte. So wird auch deutlich, dass er selbst etwas tun muss, um seine Situation nachhaltig zu verbessern. Die Verantwortung für die Zielorientierung kann und darf er nicht in Ihre Hände legen.

TOOL 49 ZIELFUSION

Ziel

Grundlage: Neuro-linguistisches Programmieren

Das Ziel der Zielfusion (aus dem NLP) ist es, ein gemeinsames, akzeptiertes Ziel zu formulieren.

Beschreibung

Das Tool lässt sich immer dann einsetzen, wenn für eine Zusammenarbeit im Seminar oder auch bei Teamprozessen ein gemeinsames Ziel eine wichtige Voraussetzung für die weitere Zusammenarbeit darstellt. Alternativ kann eine Zielfusion auch dazu dienen, einer Gruppe oder einem Team, in der / dem es Konflikte gibt, zu zeigen, dass sie durchaus in der Lage sind, sich auf ein gemeinsames Ziel zu verständigen. Dieses Ziel wird dann als Basis für den weiteren Einigungsprozess genutzt.

Bei diesem Tool finden sich die Teilnehmer zunächst paarweise zusammen. Sie bitten die Teilnehmer, ein Gespräch zu führen, bei dem sie sich über ihre Ziele in diesem Seminar austauschen. Jeder wählt für sich das wichtigste Ziel aus. Dann versuchen sie aus diesen beiden Zielen ein gemeinsames Ziel zu formulieren, hinter dem beide Personen stehen können. Sind alle Paare fertig, dann setzen sich immer zwei Paare, also vier Personen, zusammen und tauschen sich über die beiden gefundenen bereits fusionierten Ziele aus. Wieder versuchen sie, beide Ziele in Übereinstimmung zu bringen und so ein gemeinsames Ziel zu formulieren.

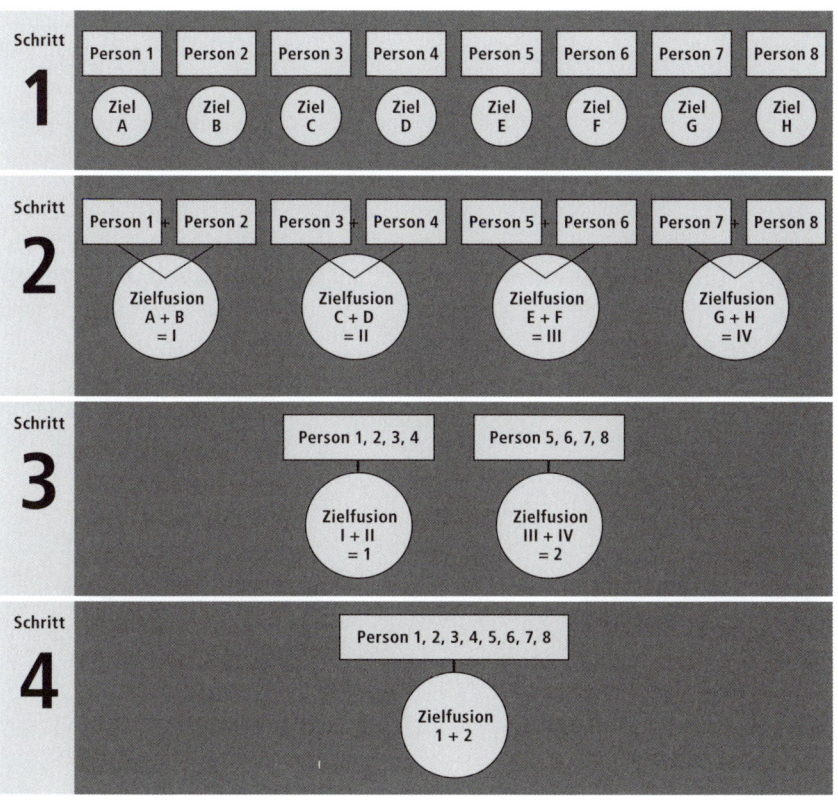

So werden nach und nach die kleinen Gruppen zu einer großen Gruppe zusammengefügt. Sollte die letzte Gruppe zu groß sein, kann aus den jeweiligen Gruppen ein Vertreter gewählt werden, der dann stellvertretend für die Gruppe die Verhandlungen führt. Die anderen Teilnehmer sind dann bei diesem Einigungsprozess als Zuschauer anwesend. Der gewählte Diskutant kommt im Anschluss mit seinem Ergebnis in die Gruppe zurück. Stößt die Einigung auf Widerstand, muss neu verhandelt werden.

Anwendung

Einsatz im Teamworkshop
Beispielsweise kann dieses Tool als Einstieg in einen Teamworkshop genutzt werden. Die Teilnehmer tauschen sich in diesem Fall paarweise zunächst über das für sie wichtigste Teamziel aus: »*Was ist aus ihrer Sicht das relevante Teamziel?*« Dann einigen sie sich zu zweit, zu viert, zu acht, bis alle Teammitglieder schließlich versuchen, aus zwei Zielen ein gemeinsames Ziel zu formulieren.

Weitere Anwendungsmöglichkeiten in Beratung, Training und Coaching

Das Tool ist sehr hilfreich bei konfliktreichen Zielgruppen, da durch seine Anwendung gleich zu Anfang deutlich gemacht wird, dass ein gemeinsames Ziel möglich ist. Das zu suchende Ziel sollte sich dann aber auf einen kleinen Teilbereich ausrichten. Es kann – wie oben dargestellt – etwa darum gehen, was das Ziel der einzelnen Teammitglieder für dieses Teamcoaching ist. Als Coach können Sie bei diesem Zielfindungsprozess in Ruhe den zwischenmenschlichen Umgang beobachten und Ihre weiteren Interventionen darauf abstimmen.

TOOL 50 ## ZIRKULÄRE FRAGEN

Ziel

Mit Zirkulären Fragen aus der Systemischen Therapie nach Mara Selvini-Palazzoli soll eine Person darauf aufmerksam gemacht werden, wie das eigene Verhalten vermutlich auf andere wirkt. Durch das Einnehmen einer Außenperspektive sollen neue Gedanken und Gefühle über die äußere Situation möglich gemacht und das eigene Verhalten aus einem systemischen Blickwinkel kritisch überdacht werden. So wird die gesamte Dynamik des Kontextes bewusst.

**Grundlage:
Systemische Therapie
(Mailänder Schule)**

Beschreibung

Zirkuläre Fragen sind Fragen, mit deren Hilfe die Abhängigkeiten im System sehr schnell deutlich gemacht werden können. Die eigenen Handlungen werden mit Zirkulären Fragen nicht mehr individuell, sondern systemisch betrachtet. Das ermöglicht eine neue Perspektive auf das Gesamtsystem.

Die eigenen Reaktionen werden in der Regel als Reaktionen auf ein Verhalten anderer Menschen wahrgenommen. *»Ich mache das nur, weil sie oder er ...«* Wenn Sie Ihrem Gegenüber vor Augen führen können, wie andere Personen im System auf es reagieren, dann kann das seine Wahrnehmungsperspektive deutlich erweitern. Anstatt also beispielsweise den Coachee direkt zu fragen, wie er eine Situation bewertet – diese Beschreibung erhalten Sie in der Regel ohnehin in aller Ausführlichkeit –, fragen Sie nach dem Umfeld:

**Abhängigkeiten
deutlich machen**

- Was glauben Sie, was meint Ihr Chef, was Sie tun sollten?
- Was glauben Sie, wie erleben Ihre Kunden die Situation?
- Was meinen Sie, denken Ihre Kollegen, was Ihr Chef in dieser Situation tun sollte?

- Wie erlebt Ihr Kollege Ihre Reaktion?
- Was glauben die Kunden, wie Sie selbst die Situation erleben?

Umfeld klären Alle diese und viele weitere Fragen helfen, das Umfeld zu klären. Wenn Menschen in ein Problem verstrickt sind, vergessen Sie sehr häufig, dass die Menschen in ihrem Umfeld das Problem ebenfalls erleben. Sie reagieren auch auf die Geschehnisse – nicht nur die betroffene Person selbst. Die genannten Fragen lassen auch diesen Punkt bewusst werden.

Anwendung

Zirkuläre Fragen sind Fragen, die Außenperspektiven einführen und die gegenseitige Wirkung von Aussagen und Handlungen beleuchten. Wenn sich jemand in einem Coaching über eine besondere und schwierige Situation beklagt und nicht weiß, wie er damit umgehen kann, dann können Sie zur Erweiterung der Perspektive und zur Flexibilisierung des Verhaltens mit Zirkulären Fragen arbeiten. Die folgenden Beispiele beziehen sich auf den Fall, dass Ihr Coachee meint, sein Team arbeite zu wenig kundenorientiert und er als Führungskraft wisse nicht, wie er seine Mitarbeiter zu mehr Kundenorientierung bringen solle. Er habe schon so viel vergeblich versucht:

Beispiele für Zirkuläre Fragen
- Was würde Ihr Chef sagen, wenn er wüsste, wie schwierig das für Sie ist?
- Was meinen Sie, welche Meinung der Vorgesetzte Ihres direkten Chefs von Ihrer Abteilung hat?
- Was glauben Sie, wie denken die Kunden über die Serviceorientierung Ihrer Mitarbeiter?
- Wie schätzen Ihrer Meinung nach die anderen Abteilungen die Kundenorientierung Ihrer Mitarbeiter ein?
- Wie schätzt Ihr Vorgesetzter die Kundenorientierung ein?

- Was meinen Sie, wie würden Ihre Mitarbeiter eine Veränderung Ihres Führungsstils beurteilen?
- Wie beurteilt Ihrer Meinung nach Ihr Kollege Ihre Führungsarbeit?
- Was glauben Sie, wie würde Ihr Chef den Unterschied zwischen Ihrer Führungsarbeit und der Ihres Kollegen beurteilen?

Zirkuläre Fragen werden konstruiert aus der aktuellen Situation und aus dem Kontext. Sie führen aus verschiedenen Perspektiven an den Problemkontext heran.

Weitere Anwendungsmöglichkeiten in Beratung, Training und Coaching

Zirkuläre Fragen sind in sehr vielen verschiedenen Kontexten denkbar. Ob Beratung, Training oder Coaching, ob Workshop oder Seminar: Zirkuläre Fragen können einen Prozess neu beleuchten und neue Denk- und Verhaltensweisen in Gang setzen. Das ist in vielen unterschiedlichen Situationen sehr hilfreich. Dabei reicht manchmal schon eine einzige Frage aus, um die Fokussierung auf die individuelle Situation zu ermöglichen.

TEIL 3:

KOMBINATIONEN DER PRAXISTOOLS

Ich möchte Ihnen an drei Beispielen aus Beratung, Training und Coaching zeigen, wie Sie die Tools miteinander kombinieren können. Die Auswahl der Tools erfolgte dabei nach persönlichem Ermessen – es hätten durchaus auch andere Tools verwendet werden können.

> **Bitte achten Sie darauf, dass Sie die Tools, die Sie in Ihrer Praxis einsetzen, situations- und personenangemessen auswählen.**

Dies hat gleich mehrere Aspekte. Zum einen muss das ausgewählte Tool zu Ihnen passen – die Teilnehmer sollen Sie ja als authentischen Trainer, Berater oder Coach erleben, der Methoden anwendet, die zu ihm passen.

Außerdem müssen die Tools zur Situation und zur Kultur des Trainings-, Beratungs- oder Coachingthemas passen. Ein wettbewerbsorientiertes Vertriebstraining verträgt sich beispielsweise nicht mit eher aufdeckend arbeitenden und vergangenheitsorientierten Tools. Hier ist es wichtig, die Lösungsorientierung in den Vordergrund zu stellen und die Tools entsprechend auszuwählen. Ein anderes Beispiel: Bei einem Team, das sehr reflexiv und analytisch orientiert arbeitet, ist es nicht zielführend, nur lösungsorientiert zu intervenieren. Holen Sie die Gruppe, holen Sie Ihre Teilnehmer dort ab, wo sie stehen.

Praxistool muss »passen«

Und natürlich sollten die gewählten Tools zur Persönlichkeit des Gegenübers passen. Der Coachee, Teilnehmer oder Klient sollte Anknüpfungspunkte feststellen und mit der »Denkart« des Tools umgehen können. Bitte schauen Sie sich dazu auch noch einmal die Abbildung auf der Seite 27 an.

DAS ANWENDUNGSBEISPIEL »ERNÄHRUNGSBERATUNG«

In dem Beispiel aus einer Ernährungsberatung findet sich der Klient ein, weil der Arzt ihm nahegelegt hat, sich von einer Ernährungsberaterin beraten zu lassen und für eine Diät zu entscheiden. Der Klient kommt also nicht ganz aus freien Stücken in die Beratung, die im Krankenhaus stattfindet. Zum einen ist er interessiert, zum anderen fühlt er sich zum Termin »geschickt«. Die Ernährungsberaterin hat deswegen zunächst das Ziel, eine gute Verbindung aufzubauen und den Klienten für eine Ernährungsumstellung zu gewinnen.

Falldarstellung In der Tabelle können Sie in der linken Spalte den Ablauf des Beratungsgesprächs verfolgen (»B« = Ernährungsberaterin, »K« = »Klient«). In der rechten Spalte lesen Sie meine Kommentare, die im Wesentlichen anzeigen, welches Tool ausgewählt und eingesetzt wurde. Die genaue Beschreibung der einzelnen Tools können Sie im zweiten Teil des Buches nachlesen.

BERATUNGSGESPRÄCH	KOMMENTARE
B: »Hallo, guten Morgen.«	
K: »Guten Morgen.«	
B: »Wie geht es Ihnen?«	
K: »Na ja, hier so in der Klinik ...«	
B: »Ist nicht gerade ein Hotel, was? Die Zimmermädchen sind hier so aufsässig.«	Steigt humorvoll ein (Provokativer Stil)
K (lacht): »Stimmt! Nee, es gibt schönere Orte.«	
B: »Der Arzt hat Sie zu mir geschickt. Warum wohl, was meinen Sie?«	
K: »Na ja, der sagt, ich muss abnehmen.«	
B: »Und? Was sagen Sie?«	

K: »Na ja, abnehmen ist nie schlecht.«	
B: »Was genau wollen Sie erreichen?«	Zieldefinition (NLP)
K: »Abnehmen.«	
B: »Sind Sie sicher? Ich meine, das ist doch anstrengend …«	Check, ob es sich um Kunde, Besucher oder Klagender handelt (nach dem Lösungsorientierten Ansatz)
K (lacht): »Es muss aber sein. Ich sehe es ja ein. Lust habe ich nicht wirklich …«	
B: »Also, dann lassen Sie's.«	Humor
K: »Nein, nein. Ich habe es mir vorgenommen, und es soll jetzt losgehen.«	
B: »Wie würde sich das genau anfühlen, wenn Sie weniger wiegen würden?«	S von SMARTE Ziele
K: »Ich würde mich leichter fühlen, könnte mein altes Kleid wieder anziehen.«	
B: »Was noch?«	Fragt weiter nach, bis vollständige Repräsentation erkannt
K: »Ich könnte Treppen laufen, ohne Luftnot zu bekommen …«	
B: »O.k. Was noch?«	
K: »Na ja, einfach besser fühlen.«	
B: »Wie viel möchten Sie abnehmen?«	M von SMARTE Ziele
K: »So 20 bis 40 kg.«	
B (begeistert): »Soo viel! Ja, Wahnsinn! Das ist ja ein Riesenziel! Super! Ich sehe, Sie sind echt motiviert! Das trauen sich nur die wenigsten zu.«	Positive Unterstützung, Wertschätzung (Klientenzentrierte Gesprächsführung)
K (lacht): »Na ja.«	
B: »Ich meine, es gibt Schöneres im Leben, als so viel abnehmen zu wollen. Ich meine, zum Beispiel essen macht mehr Spaß als abnehmen – oder?«	Prüft das Ziel provokativ. Ruft Widerstand hervor A von SMARTE Ziele. Wollen die Klienten das Ziel wirklich erreichen? Ist es attraktiv?
K: »Ja, klar. Wie man sieht!« (Lacht) »Aber der Arzt hat schon recht. Es muss sein. Sonst werde ich immer dicker und dicker …«	

B: »... und dicker und dicker bis ...«	Beginnt mit Übertreibung zur Veranschaulichung und Persiflierung (Provokativer Gesprächsstil)
K: »... bis ich platze.« (Lacht)	
B: »Und dann haben wir die Bescherung.«	Humor
K: »Nee, nee, das muss schon sein. Ich habe es mir fest vorgenommen.«	
B: »So 20 bis 40 kg. Ist das denn realistisch?«	R von SMARTE Ziele
K: »Hm.«	
B: »Was wäre das denn in der Woche?«	
K: »So fünf Kilo.«	
B: »50 Kilo! Wie wollen Sie denn das schaffen? Da sind Sie ja nach drei Wochen ganz weg. Ein Nichts. Wo ist Frau Meyer? Die hat sich in Luft aufgelöst. Mit einer Superdiät!«	Absichtliches Missverstehen (Provokativer Stil, Persiflieren des Weltbildes)
K (lacht): »Nicht 50, fünf!«	
B: »Dann brauchen Sie etwa zehnmal so lange, bis sie weg sind ...«	
K (lacht)	
B: »Also im Ernst. Was ist realistisch?«	
K: »Bisher habe ich es geschafft, etwa ein bis zwei Kilo pro Woche zu verlieren.«	Hier ergibt sich das T aus SMARTE Ziele
B: »Das klingt gut. Wie haben Sie das geschafft?«	Selbstwirksamkeit abgefragt, um Motivation zu stärken. Gleichzeitig ist das eine Frage nach der Ausnahme (Lösungsorientierter Ansatz): Was kann der Klient noch außer essen? Und die Beraterin bringt im Folgenden Fragen nach den Ressourcen vor: Wie ist das gelungen? (NLP)
K: »Ich habe mich an den Diätplan gehalten und oft Spaziergänge gemacht, den Fahrstuhl nicht mehr benutzt, Konditoreien gemieden und so.«	
B: »Das ist schon eine ganze Menge. Was haben Sie noch gemacht?«	

K: »Es ist schon eine Menge, was man tun muss. Ich habe auch viele neue Dinge begonnen, um mich abzulenken. Zum Beispiel Schach spielen.«

B: »Noch etwas?«

K: »Ja. Ich habe mich viel mit Freunden getroffen. Und habe ein paar ehrenamtliche Dinge gemacht.«

B: »Und dann, warum haben Sie mit all dem wieder aufgehört?«

> Frage nach Attribution: Warum ist die Selbstwirksamkeit hier wieder zurückgegangen? Daraus ergibt sich auch das E aus SMARTE Ziele. Ist das Zielverhalten eigenständig initiierbar?

K: »Na ja, dann kam der Unfall und ich lag ewig rum ...«

B: »Ja, so kann es gehen im Leben. Da helfen die besten Vorsätze nicht. Aber nun sind Sie wieder fit, und jetzt kann es wieder losgehen.«

K: »Genau.«

B: »Also, wie viel wollen Sie nun abnehmen?«

K: »Fünf Kilo in der Woche.«

B: »Wären Sie mit ein bis zwei auch schon zufrieden? Wie das geht, wissen Sie ja.«

> Selbstwirksamkeit stärken, vor Enttäuschung schützen

K: »Ja, aber ich glaube, ich kann jetzt mehr schaffen.«

B: »O.k. Was können wir dann heute hier zusammen tun?«

> Holt sich Auftrag – Contracting

K: »Ich wollte heute einen Ernährungsplan von Ihnen bekommen, für eine neue Richtschnur.« ...

Das Gespräch konzentriert sich nun weiter auf die Inhalte. Die Ernährungsrichtlinien und deren Integration in den Alltag werden besprochen. In der Abschlussphase können wieder einige Tools zum Einsatz gelangen.

B: »Wie viel, würden Sie sagen, von dem, was wir nun besprochen haben, setzen Sie bereits um? Sagen wir, den Ernährungsplan komplett umzusetzen, wäre die Zehn. Und gar nichts zu machen, die Null auf einer gedachten Skala.«

Skalierungsfrage (Lösungsorientierter Ansatz)

K: »So zwei.«

B: »O.k. Zwei. Was genau tun Sie schon, um auf der Zwei zu sein?«

K: »Also, ich bekomme hier im Krankenhaus ja schon Diät. Aber die Qualität des Essens finde ich nicht so berauschend. Nicht so frisch und so. Das will ich zu Hause besser machen. Na ja, und seitdem ich wieder laufen kann, wandere ich täglich in die Cafeteria und hole was Süßes, esse Eis oder Kuchen. Und das nicht nur einmal am Tag.«

B: »Also, was müssten Sie tun, um in der nächsten Woche auf drei zu sein?«

K: »Nur noch einmal am Tag in die Cafeteria gehen.«

B: »O.k. Aber Sie müssen ja auch mehr laufen, um Ihre Beine wieder zu trainieren. Wohin könnten Sie die anderen Spaziergänge führen?«

Suche nach Alternativen. Nicht nur etwas nicht mehr tun, sondern es auch aktiv ersetzen (Substitution des selbstschädigenden Verhaltens)

K: »Das Wetter wird ja besser, ich könnte rausgehen, in den Garten.«

B: »Und wenn es regnet?«

K: »Dann könnte ich auf den Fluren laufen. Mal die Treppe versuchen ... Mit und ohne Festhalten üben ... Zur Krankengymnastik laufen, anstatt mit dem Fahrstuhl zu fahren und so.«

B: »O.k. Ich sehe schon, Sie haben viele Ideen. Was meinen Sie: Sind Sie nächsten Mittwoch, wenn wir uns wiedersehen, auf drei?«

K: »Aber hallo!«

DAS ANWENDUNGSBEISPIEL »SEMINARDESIGN ZUM THEMA ›STRESS‹«

Das nächste Beispiel zeigt ein Seminardesign zum Thema »Umgang mit Stress am Arbeitsplatz«. Das Konzept lehnt sich an eine gemeinsame Entwicklung mit Jan Walden von Vivento Customer Services an. Das Seminar wendet sich an Personen, die täglich im Kundenkontakt stehen. Sie haben es zum einen mit vielen wechselnden Personen zu tun – jeden Tag fallen etwa 90 Telefonkontakte an. Zum anderen treffen sie auch nicht immer nur auf freundliche Kunden. In dem Stresstraining geht es vor allem darum, zu manchen Geschehnissen am Arbeitsplatz eine andere Einstellung zu gewinnen, damit die äußeren Faktoren nicht mehr so stark als Stress erlebt werden.

Falldarstellung

In der linken Spalte der Tabelle finden Sie das Seminardesign. In der rechten Spalte werden die Tools wieder kommentiert.

SEMINARDESIGN	KOMMENTARE
Phase 1	
Aufwärmen, Kontakt finden, Thema einführen, Stressauslöser finden:	
Zwei Personen bilden ein Team. Jedes Team erhält eine kleine Auswahl mit Männchen (zum Beispiel aus dem »Mensch-ärgere-dich-nicht«-Spiel).	Übung aus der Systemischen Aufstellung, um Transparenz bezüglich der eigenen Situation zu erreichen und um eine Außenperspektive zu gewinnen
Jede Person stellt ihre Stressfaktoren auf. Sie platziert sich selbst auf dem Tisch und baut die Faktoren darum herum auf.	
Die andere Person stellt dann Fragen und die jeweilige Person erklärt ihre Aufstellung.	Reflexion und Erkenntnis: Was bereitet mir Stress?

Phase 2

Auslöser für Stress sortieren, einteilen in veränderbare und unveränderbare Auslöser. Jeder für sich und als Gesamtgruppe

Flexibilität und eigenen Anteil erkennen

Phase 3

Einführung ABC-Theorie mit Hot Cognitions und Beliefs. Kleingruppenarbeit:

Chancen und Grenzen festlegen. Erkennen, worauf man keinen Einfluss hat, Grenzen akzeptieren (RET)

Fragestellung: Welche Beliefs finden wir, wie können wir diese erweitern und flexibilisieren, um mehr Handlungsspielraum zu erhalten?

Arbeiten mit Beliefs (RET und NLP) und Hot Cognitions (RET)

Erklärung Sokratischer Dialog und Anwendung in den Kleingruppen

Sokratischer Dialog wird vom Trainer einmal vorgemacht. Nun sollen die Teilnehmer sich untereinander sokratisch befragen.

Phase 4

Dilts-Pyramide als Input, Fragen nach der Dilts-Pyramide. Ebenen trennen, Ursachenforschung. Zusammenhänge verstehen

Fragen nach der Dilts-Pyramide, um zu erklären, wie Beliefs entstehen, und um zu verifizieren, ob die Beliefs tatsächlich die Stressauslöser sind

Anhand der Dilts-Pyramide werden nun Fragen gestellt. Die stressauslösenden Beliefs werden zusammengestellt.

Phase 5

Aufstellung des inneren Teams / Parts-Party. Welche Verhandlungen, Diskussionen müssen geführt werden, um klar und entschieden mit Stress und Konflikten umzugehen?

Parts-Party nach Virginia Satir (Systemische Familientherapie)

Der Trainer spielt das einmal beispielhaft durch.

Die Teilnehmer bekommen nun Zeit, um auf einem Plakat (zum Beispiel einem Flip-Chart-Bogen) ihr inneres Team aufzuzeichnen.

Dann wird jedes Plakat besprochen. Bis zu sechs Teilnehmer-Plakate können besprochen werden. Bei mehr Personen zwei oder drei Gruppen bilden.

Phase 6

Abschluss der Partnerarbeit mit Komplimente-Übung mit dem Fokus Stress:
»So wie ich Sie bis jetzt kennengelernt habe, glaube ich, können Sie besonders in den Situationen XY sehr gut mit dem Stress umgehen. Das würde ich mir gerne bei Ihnen abschauen.«

Komplimente-Übung nach dem Lösungsorientierten Ansatz

Phase 7

Seminarabschluss

Reframing von einzelnen Stresssituationen in der Gruppe: Was ist gut an unserer Aufgabe? Warum hält uns das jung, frisch, flexibel? Kommentare

Reframing (NLP, Systemische Therapie)

Das Seminar dauert etwa fünf Stunden und führt in das Stressthema ein. Mit diesem methodischen Vorgehen orientieren Sie sich überwiegend an kognitiven Stressursachen. Es ist sinnvoll, diesem Teil einen zweiten Teil anzuschließen, in dem körperorientierte Methoden eingeführt und angewendet werden (siehe für körperorientierte Methoden auch das Buch »Trainingstools«).

DAS ANWENDUNGSBEISPIEL »COACHING-GESPRÄCH ZUM THEMA ›DUMME SPRÜCHE‹«

Falldarstellung Das folgende Gespräch ist ein Ausschnitt aus einem Coaching. Die Gesprächspartner (»C« = Coach, »K« = Klient/Coachee) kennen sich bereits seit einiger Zeit, wir befinden uns im mittleren Teil des Entwicklungsprozesses. Es besteht ein guter Kontakt, ein Vertrauensverhältnis ist aufgebaut. Mit dem Verlauf des Prozesses sind beide Parteien bisher sehr zufrieden. Heute hat sich die Coachee ein Thema ausgesucht, das sie immer wieder ärgert. Bisher hat sie sich noch nicht getraut, dem Coach ihr Thema mitzuteilen. Heute möchte sie es aber gerne einmal ansprechen.

Coachinggespräch

C: »Wie ist es Ihnen in der letzten Woche ergangen?«

K: »Prima, prima, danke. Ja, heute habe ich ein ganz anderes Thema mitgebracht, sozusagen aus aktuellem Anlass.«

C: »Aha?«

K: »Also: Wie kann ich es schaffen, mich gegen dumme Sprüche der Kollegen zu wenden?«

C: »Welche ›dummen Sprüche‹ genau?«

K: »Ja also, dumme Sprüche. Sie kennen so etwas doch. So abwertende Äußerungen von Kollegen eben. Dagegen will ich mich zukünftig wehren.«

C: »Können Sie sich an den letzten erinnern? Sie sagten vorhin: ›aus aktuellem Anlass‹.«

K: »Ja, klar. Heute ist es mir gleich zweimal passiert. Als ich ankam, sagte der Kollege sofort: ›Na, Schätzchen, was machst du heute für ein dummes Gesicht?‹ Das fand ich ziemlich daneben.«

Kommentare

Das Coaching beginnt nach einem kleinen Small Talk mit der eigentlichen Sitzung.

Nachfrage mit dem Meta-Modell: Was genau?

Frage nach einem ganz konkreten Beispiel. Zitiert die Coachee

C: »Nicht gerade nett von dem jungen Mann. Haben Sie denn ein dummes Gesicht gemacht?«	Wertschätzung, Akzeptanz (Drei Säulen). Humor einbringen, unerwartet reagieren, um das Muster zu unterbrechen
K: »Keine Ahnung.« (Lacht, denkt nach) »Vielleicht schon! Ich war etwas abgehetzt.«	
C: (lacht): »Und das andere Beispiel? Sie sprachen von zwei Anlässen heute.«	Rückbezug auf Äußerung. Genaues Zuhören
K: »Da stand ich in der Kaffeeküche und ein anderer Kollege kam rein. Ich habe nur etwas geholt und er sagte gleich: ›Na, mal wieder nichts zu tun?‹«	
C: »Die Herren der Schöpfung in Ihrem Büro sind aber nicht gerade mit Höflichkeit geschlagen.«	Akzeptanz (Drei Säulen) und Chunk-up; generalisieren auf einer höheren Ebene
K: »Ja, dagegen kann man wohl nichts machen.«	
C: »Und heute möchten Sie mit mir was genau erarbeiten?«	Klares Contracting. Was soll heute genau geschehen? Zielvereinbarung
K: »Also, ich möchte gerne wissen, wie ich mich dagegen wehren kann. Bis jetzt stehe ich nur blöd da und weiß nicht, was ich sagen soll.«	
C: »Was genau möchten Sie erreichen?«	Nochmals Contracting und damit Zielfindung
K: »Ich möchte mich wehren … zurückschlagen.«	
C: »Sie möchten also auf das Gesprächsangebot eingehen und eine gute Erwiderung geben?«	Zweiseitigkeit transparent machen, eigenen Anteil bewusst machen
K: »Wie, ›auf das Gesprächsangebot eingehen‹? Wie meinen Sie das?«	
C: »Na ja, Sie müssen ja nicht darauf eingehen. Sie könnten auch einfach nur lachen und zum Thema übergehen. Wenn Sie zurückschlagen, dann spielen Sie dieses Spiel ja mit.«	Alternativen aufzeigen Thema Spiele einführen
K: »Welches Spiel?«	
C: »Das Spiel ›Wir klopfen jetzt mal ein paar dumme Sprüche‹.«	
K: »Ist das ein Spiel?«	

C: »Das kann man so nennen. Einer fängt an und klopft einen dummen Spruch. Wenn der andere sich ärgert, hat der Sprücheklopfer gewonnen. Wenn der andere dagegenhalten kann, also mitspielen kann, dann gewinnt er nicht, sondern muss sich etwas anderes einfallen lassen.«

K: »Doofes Spiel.«

Hier wird ein Belief deutlich.

C: »Aber sehr häufig. Das Spiel macht nur dann Spaß, wenn es jemanden gibt, der sich so richtig ärgert.«

K: »Na, dann habe ich heute in beiden Fällen ganz falsch reagiert, denn ich habe mich geärgert.«

C: »Und Sie finden das Spiel doof?«

Zurückkommen auf den angesprochenen Belief

K: »Ich meine, lustig ist es nicht gerade, wenn man so dasteht und nichts zu sagen weiß.«

C: »Für Sie, für den anderen schon.«

Humor reinbringen

K: (lacht): »Ja klar, für mich. Aber trotzdem. Ich finde das nicht richtig. Es geht doch nicht, dass man Spaß daran hat, den anderen so zu blamieren.«

C: »Vielleicht wollen die Kollegen mit Ihnen genauso spielen, wie sie untereinander spielen.«

Hot Cognitions werden nachgefragt, andere Möglichkeiten eingebracht. Weg von dem Gedanken »Die wollen mich blamieren«

K: »Untereinander ist der Ton auch manchmal ziemlich rüde.«

C: »Vielleicht macht es denen Spaß?«

K: »Spaß? Macht so etwas Spaß?«

C: »Na ja, kann ich mir schon vorstellen. Wenn man die Regeln kennt und gut mitspielen kann ...«

Andere gleichwertige Möglichkeiten werden angeboten.

K: »Sie meinen, die wollen mich gar nicht unbedingt ärgern oder fertigmachen?«

C: »Vielleicht ...«

K: »Mhm ...«

C: »Was meinen Sie, was die Kollegen wollen?«	Einführung Zirkulärer Fragen, um die Coachee weiter zu distanzieren
K: »Fun, ätzenden Fun.«	
C: »Was meinen Sie, wie würde Ihr Chef darüber denken?«	Zirkuläre Frage. Außensicht abfragen
K: »Für den wäre es eine Lappalie. Der würde das gar nicht ernst nehmen und sich wundern, dass ich das ernst nehme.«	
C: »Und andere Kollegen?«	
K: »Manche nervt das auch, andere schießen zurück und dann ist Ruhe.«	
C: »Und Sie selbst?«	Neue Nachfrage nach konkretem Belief, um zu sehen, ob sich etwas geändert hat
K: »Na ja, einerseits kann ich es als Spaß verstehen, andererseits finde ich es ätzend und denke, Spaß kann man auch anders haben.«	
C: »Also, eine Stimme in Ihnen sagt: ›Das ist einfach ein Spaß. Mach dir nichts draus!‹?«	Greift das einerseits/andererseits auf, um eine Parts-Party einzuleiten
K: »Genau, und die andere sagt: ›Mit so einer Art Humor will ich nichts zu tun haben, das ist ätzend.‹«	
C: »Wie könnte man diese Stimmen nennen?«	Versuch, die Anteile für die Party dingfest zu machen
K: »Also vielleicht die ›Lockere‹ und die ›Humorlose‹.« (Lacht)	
C: »Gibt es noch weitere?«	Suche nach weiteren Stimmen, die im Hintergrund agieren
K: »Eine ›Versagerin‹, die sagt: ›Du bist zu doof für solche Spiele. Du bist einfach nicht spontan genug.‹«	
C: »Aha. Noch eine?«	
K: »Ja, eine ›Starke‹, die sagt: ›Lass dir von denen nichts bieten. Hau auch einfach drauf.‹ Und eine ›Moralische‹, die sagt: ›So etwas tut man nicht.‹«	

C: »Da ist ja ganz schön was los bei Ihnen. Kein Wunder, dass Sie nicht mehr reagieren können.«

K (lacht)

C: »O.k. Also, wen haben wir denn da nun: die Lockere, die Humorlose, die Versagerin, die Starke, die Moralische. Wollen Sie die mal miteinander diskutieren lassen, wer zukünftig das Sagen haben soll, und Lösungen dafür finden, wie jede Einzelne zufrieden sein kann?«

K: »O.k. Wie soll das gehen?«

C: »Vielleicht mögen Sie einfach hier ein paar Spielfiguren auswählen und diese im Raum platzieren. Dann können Sie mit diesen spielen, sie aufeinander zu- oder voneinander wegbewegen und ein Gespräch führen lassen.« ...

Angebot für ein Aufstellen der inneren Situation und Lösungsfindung mittels Interaktion der Anteile

Keine festen Regeln für Kombination
Als Beispiel soll dieser Ausschnitt erst einmal genügen. Sie sehen, wie hier verschiedene Tools miteinander kombiniert werden. Sie bauen sehr schön aufeinander auf und helfen, den Prozess voranzubringen. Auch mit anderen Tools wäre der Coach hier zum Erfolg gekommen. Die Auswahl orientiert sich an den oben genannten Prinzipien. Und natürlich spielt die Erfahrung des Coachs eine große Rolle.

Arbeit mit Tools üben
Es hat sich nicht bewährt, feste Regeln für die Auswahl und Kombination der Tools aufzustellen. Die Situationen und die Personen, mit denen Sie zusammentreffen und -arbeiten, sind einfach zu unterschiedlich. Mit der Triade »Situation, Person und Coach« ist das Spielfeld deutlich abgegrenzt. Und gleichzeitig ist es wichtig, flexibel zu bleiben und auf Veränderungen zu reagieren.

Wenn Sie dieses Buch konsequent durchgearbeitet haben, dann können Sie jetzt bei jedem Tool, das Sie kennengelernt haben, überlegen, in welcher bereits erlebten Situation Sie es hätten anwenden können. Und natürlich können Sie überlegen, in welchen zukünftigen Situationen Sie die Tools einsetzen. So machen Sie sich immer vertrauter mit ihnen. Und je konkreter Sie in Ihren Überlegungen werden, umso wahrscheinlicher ist es, dass Sie ein für Sie noch neues Tool bei der nächsten passenden Gelegenheit rechtzeitig erinnern und einsetzen können.

LITERATURVERZEICHNIS

EMPFEHLENSWERTE LITERATUR ZU EINZELTHEMEN

zum Thema Focusing

- Gendlin, Eugene T.: Focusing. Selbsthilfe bei der Lösung persönlicher Probleme. Reinbek bei Hamburg, Rowohlt Verlag 1998

zum Thema Gestalttherapie

- Dinslage, Axel: Gestalttherapie. Was sie kann, wie sie wirkt, wem sie hilft. Mannheim, Pal Verlag 1995
- Perls, Fritz S.: Grundlagen der Gestalttherapie. Einführung und Sitzungsprotokolle. Stuttgart, Verlag Klett-Cotta 2007 (12. Auflage)

zum Thema Hypnotherapie

- Bandler, Richard; Grinder, John: Patterns. Muster der hypnotischen Techniken Milton H. Ericksons. Paderborn, Junfermann Verlag 2005 (4. Auflage)
- Erickson, Milton H./ Rossi, Ernest L.: Hypnotherapie. Aufbau, Beispiele, Forschungen. Stuttgart, Verlag Klett-Cotta 2007 (9. Auflage)

zum Thema Klientenzentrierte Gesprächspsychotherapie

- Rogers, Carl R.: Die klientenzentrierte Gesprächspsycho-therapie. Frankfurt/M., Fischer Verlag 2009 (18. Auflage)
- Rogers, Carl R.: Die nicht-direktive Beratung. Frankfurt/M., Fischer Verlag 1985 (13. Auflage)

zum Thema Kognitive Verhaltenstherapie

- Beck, Aaron T.; Freemann Arthur, u.a.: Kognitive Therapie der Persönlichkeitsstörungen. Weinheim, Psychologie Verlags Union 1999
- Lazarus, Arnold A.; Lazarus, Clifford N.: Der kleine Taschentherapeut. In 60 Sekunden wieder o.k. Stuttgart, Verlag Klett-Cotta 2008 (10. Auflage)

zum Thema Konstruktivismus

- Maturana, Humberto R.; Varela, Francisco J.: Der Baum der Erkenntnis. Die biologischen Wurzeln des menschlichen Erkennens. Frankfurt/M., Fischer Verlag 2011 (3. Auflage)
- Watzlawick, Paul u.a.: Wie wirklich ist die Wirklichkeit. München, Piper Verlag 2005 (10. Auflage)

zum Thema Neurolinguistisches Programmieren

- Bandler, Richard; Grinder, John: Reframing. Ein ökologischer Ansatz in der Psychotherapie. Paderborn: Junfermann Verlag 2005 (8. Auflage)
- Schmidt-Tanger, Martina; Stahl, Thies: Change-Talk. Paderborn: Junfermann Verlag 2007 (2. Auflage)

zum Thema Provokativer Kommunikationsstil

- Höfner, Eleonore; Schachtner, Hans-Ulrich: Das wäre doch gelacht. Reinbek: Rowohlt Verlag 1997 (6. Auflage)

zum Thema Psychodrama

- Moreno, Jakob L.: Gruppenpsychotherapie und Psychodrama. Einleitung in Theorie und Praxis. Stuttgart, Thieme Verlag 2007 (6. Auflage)

zum Thema Rational-Emotive-Therapie

- Ellis, Albert: Training der Gefühle. Wie Sie sich hartnäckig weigern, unglücklich zu sein. München, mvg Verlag 2006 (aktualisierte und erweiterte Neuauflage)

zum Thema Systemische Therapie

- Berg, Insoo Kim: Familien-Zusammenhalt(en). Ein kurz-therapeutisches und lösungsorientiertes Arbeitsbuch. Dortmund, Verlag Modernes Lernen 2010 (9. Auflage)
- De Shazer, Steve: Wege der erfolgreichen Kurztherapie. Stuttgart: Klett-Cotta 2010 (9. Auflage)
- Satir, Virginia: Kommunikation, Selbstwert und Kongruenz. Konzepte und Perspektiven familientherapeutischer Praxis. Paderborn: Junfermann Verlag 2010
- Selvini-Palazzoli, Mara: Hinter den Kulissen der Organisation. Hrsg. von P. di Blasio. Stuttgart, Klett-Cotta 1995

zum Thema Transaktionsanalyse

- Berne, Eric: Spiele der Erwachsenen. Psychologie der menschlichen Beziehungen. Reinbek bei Hamburg, Rowohlt Verlag 2002 (12. Auflage)
- Harris, Thomas A.: Ich bin o.k. – Du bist o.k. / Einmal o.k. – immer o.k. Reinbek bei Hamburg, Rowohlt Verlag 2007

WEITERFÜHRENDE LITERATUR ALLGEMEIN

- Klein, Susanne: Trainingstools. 19 Methoden aus der Psychotherapie für die Anwendung in Training und Coaching. Offenbach, GABAL Verlag 2005 (2. Auflage)

DIE AUTORIN

Dr. Susanne Klein studierte Psycholinguistik und Psychologie. Nach mehreren Jahren der Tätigkeit als Personalentwicklerin und Leiterin Führungskräftetraining in verschiedenen Unternehmen arbeitet sie seit 1994 selbstständig als Beraterin, Trainerin und Coach.

Schwerpunkte ihrer Arbeit bilden die Fortbildung zum internen und externen Coach, das Führungscoaching und das Konfliktcoaching. Zu diesen Themen hat sie mehrere Bücher bei GABAL veröffentlicht.

Sie ist Lehrbeauftragte an mehreren Hochschulen. Außerdem begleitet sie Organisationen, Führungskräfte und Teams bei Veränderungsprozessen.

WORKSHOPS ZUM BUCH

PRAXISTOOLS

- Zielgruppe: Berater, Trainer, Coachs und Führungskräfte

Diese Workshopreihe bietet Ihnen Gelegenheit, Ihren Methodenkoffer systematisch zu erweitern und einige Methoden zu vertiefen. Die sechs (drei mal zwei Tage innerhalb eines Jahres) Workshoptage haben alle einen thematischen Schwerpunkt. Der Schwerpunkt liegt auf spezifischen Tools, die anhand von aktuellen Fallbeispielen der Teilnehmer angewendet und erprobt werden.

Ziel ist es auch, zu zeigen, dass mit unterschiedlichen Tools andere Ergebnisse hervorgebracht werden können, und eine Sicherheit in der Auswahl der Methoden zu entwickeln.

Die Workshopreihe startet jedes Jahr im Herbst neu.

FORTBILDUNG ZUM INTERNEN COACH

- Zielgruppe: Trainer, Personalentwickler, Berater und Studenten der Pädagogik / Psychologie, die sich auf das Berufsfeld »Coaching in Unternehmen« vorbereiten möchten; Führungskräfte, die zu ihrer Führungskompetenz eine Coachingkompetenz hinzugewinnen möchten.

Das Curriculum umfasst 14 Monate. Es besteht aus einem begleitenden Literaturstudium, verschiedenen Workshops und einem intensiven Einzelcoaching. Hinzu kommen sechs halbe Tage Peer-Coaching. Die individuelle Situation wird bei der

Planung berücksichtigt. Auch wird die jeweilige Führungskraft als Mentor eingebunden. Die Fortbildung schließt mit einer Abschlussarbeit und dem Zertifikat »Interner Coach« ab. Die Fortbildung orientiert sich an den Standards des Europäischen Mentoring und Coaching Councils (EMCC) für Coachingausbildungen und folgt dem EMCC »Code of Ethics«.

Weitere Informationen und Kontakt
Dr. Susanne Klein
Beratung · Training · Coaching
www.susanne-klein.net
E-Mail: info@susanne-klein.net

Unsere Covey-Bestseller

GABAL

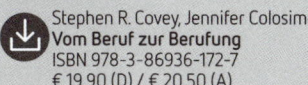

Stephen R. Covey, Jennifer Colosimo
Vom Beruf zur Berufung
ISBN 978-3-86936-172-7
€ 19,90 (D) / € 20,50 (A)

S. M. R. Covey, R. R. Merrill
Schnelligkeit durch Vertrauen
ISBN 978-3-89749-908-9
€ 29,90 (D) / € 30,80 (A)

Stephen R. Covey, Bob Whitman
Führen unter neuen Bedingungen
ISBN 978-3-86936-050-8
€ 19,90 (D) / € 20,50 (A)

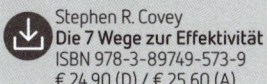

Stephen R. Covey
Die 7 Wege zur Effektivität
ISBN 978-3-89749-573-9
€ 24,90 (D) / € 25,60 (A)

Stephen R. Covey
Der 8. Weg
ISBN 978-3-89749-574-6
€ 29,90 (D) / € 30,80 (A)

Stephen R. Covey
Die 7 Wege zur Effektivität Workbook
ISBN 978-3-86936-106-2
€ 19,90 (D) / € 20,50 (A)

Bücher

Stephen R. Covey
Die 7 Wege zur Effektivität für Familien
ISBN 978-3-89749-889-1
€ 59,90 (D/A)

Sean Covey
Die 7 Wege zur Effektivität für Jugendliche
ISBN 978-3-89749-825-9
€ 49,90 (D/A)

Stephen R. Covey
Die 7 Wege zur Effektivität für Manager
ISBN 978-3-89749-890-7
€ 29,90 (D/A)

Stephen R. Covey, Stephen M. R. Covey,
Über Vertrauen
ISBN 978-3-86936-093-5
€ 29,90 (D/A)

Sean Covey
How to Develop Your Personal Mission Statement
ISBN 978-3-86936-092-8
€ 19,90 (D/A)

Stephen R. Covey
Focus: Achieving Your Highest Priorities
ISBN 978-3-86936-031-7
€ 29,90 (D/A)

Audio

Weitere Informationen finden Sie unter www.gabal-verlag.de

Business-Bücher für Erfolg und Karriere

Management – fundiert und innovativ

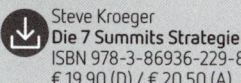

Steve Kroeger
Die 7 Summits Strategie
ISBN 978-3-86936-229-8
€ 19,90 (D) / € 20,50 (A)

Markus Väth
**Feierabend hab ich,
wenn ich tot bin**
ISBN 978-3-86936-231-1
€ 19,90 (D) / € 20,50 (A)

David Allen
Ich schaff das!
ISBN 978-3-86936-178-9
€ 24,90 (D) / € 25,60 (A)

Brian Tracy
Keine Ausreden!
ISBN 978-3-86936-235-9
€ 29,90 (D) / € 30,80 (A)

Hans-Uwe L. Köhler
Die Perfekte Rede
ISBN 978-3-86936-228-1
€ 24,90 (D) / € 25,60 (A)

Svenja Hofert
Das Slow-Grow-Prinzip
ISBN 978-3-86936-236-6
€ 24,90 (D) / € 25,60 (A)

Andreas Buhr
Vertrieb geht heute anders
ISBN 978-3-86936-230-4
€ 29,90 (D) / € 30,80 (A)

Tom Peters
The Little Big Things
ISBN 978-3-86936-171-0
€ 29,90 (D) / € 30,80 (A)

Stefan Merath
**Die Kunst seine Kunden
zu Lieben**
ISBN 978-3-86936-176-5
€ 29,90 (D) / € 30,80 (A)

Weitere Informationen finden Sie unter www.gabal-verlag.de